Luitgardis Parasie
Jost Wetter-Parasie

MUTIG
GRENZEN
SETZEN

mit gutem Gewissen

BRUNNEN
Verlag GmbH · Giessen

Luitgardis Parasie ist Pastorin und hat eine Zusatzausbildung in systemischer Familientherapie. Beim NDR ist sie in der Reihe „Zwischentöne" zu hören. Sie ist verheiratet mit **Dr. Jost Wetter-Parasie.** Er hat evangelische Theologie und Medizin studiert und arbeitet als Arzt für Allgemeinmedizin und Psychotherapeut in eigener Praxis. Das Ehepaar wohnt in Northeim und hat drei erwachsene Kinder. Beide halten auf Anfrage gerne Vorträge oder Seminare zu den Themen dieses Buches.

Ebenfalls von den Autoren im BRUNNEN Verlag erscheinen: Laubvogel/Parasie, **Wenn die Liebe Trauer trägt.** Was beim Abschiednehmen von einem lieben Menschen hilft, Gießen, 6. Aufl. 2021

Die Bibelstellen sind, soweit nicht anders angegeben, der Neuen Genfer Übersetzung entnommen.
Genesis u. Exodus. Copyright © 2020 Deutsche Bibelgesellschaft, Stuttgart; Brunnen Verlag GmbH Gießen.
Leviticus, Numeri, Deuteronomium. Copyright © 2021 Genfer Bibelgesellschaft Romanel-sur-Lausanne, Schweiz; Brunnen Verlag GmbH Gießen. Alle Rechte vorbehalten.
Gekennzeichnete Ausnahme: BasisBibel. © 2021 Deutsche Bibelgesellschaft, Stuttgart.

© der deutschen Ausgabe:
2021 Brunnen Verlag GmbH, Gießen
Projektleitung und Lektorat: Petra Hahn-Lütjen
Umschlagfoto: Dietrich Kühne
Umschlaggestaltung: Jonathan Maul
Satz: Uhl + Massopust, Aalen
Druck: CPI books GmbH, Leck
ISBN Buch 978-3-7655-2127-0
ISBN E-Book 978-3-7655-7644-7
www.brunnen-verlag.de

Inhalt

Inhalt 5

Über dieses Buch

Ulrich Giesekus und Jan von Lingen

Frieden und Harmonie. Gemeinschaft. Nähe. Alles miteinander teilen, die eigenen Bedürfnisse unterordnen. Sich schuldig fühlen, wenn man jemanden enttäuscht. Der Klügere gibt nach. So geht Liebe. Oder? – Nein! Echte Beziehung und wahre Liebe brauchen gesunde Grenzen. Es gibt keinen Frieden ohne Konfliktbewältigung, keine Harmonie ohne anständigen Streit, keine Gemeinschaft auf Kosten der Identität.

Wer die eigenen Bedürfnisse automatisch unterordnet, muss sich über eine Depression nicht wundern. Wer sich selbst Schuldgefühle macht, ist ein gefundenes Fressen für manipulative Machtmenschen, aber zu echter Freundschaft kaum in der Lage. Wenn der Klügere immer nachgibt, passiert das, was die Dummen wollen.

Wie Beziehungen und Grenzen zusammenhängen, Liebe und Identität, Nähe und Selbstbestimmung – das lesen Sie in diesem Buch. Ein wichtiger Beitrag, besonders für Menschen, die Liebe manchmal mit lieb sein verwechseln.

Dr. Ulrich Giesekus

Professor für Psychologie und Beratung (Internationale Hochschule Liebenzell)

Lui Parasie und ihr Mann Jost Wetter-Parasie haben die Gabe, auch schwierige ethische Fragen mit Fingerspitzengefühl und Augenzwinkern aufzugreifen.

Jan von Lingen, Superintendent und langjähriger NDR-Radiopastor

Einleitung

Wir wohnen in einer Spielstraße. Autos dürfen also maximal 7 Kilometer pro Stunde schnell fahren. Was waren wir froh über diese Geschwindigkeitsbegrenzung, als unsere Kinder klein waren! Sie hatten Vorrang vor den Autos, waren geschützt. Heute freuen sich unsere Nachbarn darüber. Mehrere von ihnen haben kleine Kinder.

„Ohne Stützmauern geht es nicht.“ So lautete neulich eine Überschrift in unserer lokalen Zeitung. Die Stadt Northeim hatte ein neues Baugebiet erschlossen, in Hanglage. Stützmauern waren im Bebauungsplan verboten. Inzwischen sind die ersten Leute in ihre neuen Häuser eingezogen. Und mussten feststellen: Bei starkem Regen läuft der Schlamm vom Hang runter und steht bis zu einem Meter hoch an ihren Hauswänden. – Nun will die Stadt den Bebauungsplan noch einmal ändern und Stützmauern erlauben: Grenzen, ein Schutz für die neuen Häuser.

Grenzen – von Anfang an. In der Schöpfungsgeschichte der Bibel wird es poetisch beschrieben.[1] Gott setzt Grenzen. Zwischen Himmel und Erde, Festland und Meer. Zwischen Licht und Finsternis, Tag und Nacht. Zwischen Arbeitstagen und Ruhetag. Auch die Lebenszeit der Menschen wird begrenzt.

Eine Grenze wurde uns von Geburt an mitgegeben: unsere Haut. Sie schützt die Organe vor eindringenden Keimen. Aber nicht nur das: Auch Haut und Seele hängen eng zusammen. Manchmal zeigt die Haut sehr deutlich, wenn die Seele Stress hat. Diese Grenze ist ein Alarmsystem.

Junge Eltern begrenzen den Konsum von Süßigkeiten bei ihren Kindern. Sie wissen: Es ist schädlich, wenn die Kleinen sich schon früh an zu viel Süßes gewöhnen. Um gesund zu bleiben, brauchen sie Grenzen.

Als 17-Jähriger war unser Sohn zu einer Geburtstagsparty eingeladen. Die ganze Nacht durch spielten die Jugendlichen an Computern gegeneinander. Bis einer auf einmal einen epileptischen Anfall erlitt. Sein Kopf war einfach überfordert mit den ständig neuen Reizen am Bildschirm. Der Notarzt kam und wies ihn ins Krankenhaus ein. Unser Gehirn braucht Grenzen.

Grenzen haben kein gutes Image. Wir hatten uns – vor Corona – daran gewöhnt, dass vieles unbegrenzt verfügbar schien: Reisen, Essengehen, Theater, Kino, Besuche, „echte" Nähe, Menschen treffen, neue Menschen kennenlernen.

Bis zu Corona schien zu gelten: Wozu Grenzen, wenn ich alles haben kann? Die engen doch ein, oder? – Ja, die Gefahr besteht. Denn auch bei Sinnvollem besteht die Gefahr der Übertreibung.

Inzwischen wird jedoch überdeutlich, dass unser Leben fragil ist. Dass die Ressourcen unserer Erde begrenzt sind. Dass wir nicht unbegrenzt konsumieren und Energie verschwenden können. Dass unsere Freiheit mit der Rücksicht auf den Nächsten und auf die eigene (äußere und innere) Gesundheit verbunden werden muss. Dass Einschränkungen nötig sind.

Klar, man kann es übertreiben mit den Grenzen: Du darfst dies nicht, du darfst jenes nicht. Zu viele Regeln und Verbote machen Kinder kirre. Zu wenige aber verunsichern sie. Wie also zieht man hilfreiche Grenzen?

Auf jeden Fall müssen sie gut dosiert sein. Auch bei Erwachsenen. Wir waren vor einiger Zeit am Tegernsee. Eine traumhafte Gegend. Da gibt es schöne Häuser in bevorzugter Lage. Sie hätten eine herrliche Sicht auf den See und die Alpen – theoretisch. Doch viele Grundstücke sind mit meterhohen blickdichten Hecken umgeben. Manche Straßenzüge sind wie eine einzige grüne Wand. Man kann beim Vorbeigehen nicht hineingucken – was ich total schade finde, denn ich sehe mir gerne schöne Gärten an. Aber die dort Wohnenden können auch nicht hinausgucken.

Sie fühlen sich vielleicht beschützt – aber sie haben sich zugleich beschränkt. Sehen nichts von der wunderschönen Landschaft, dem See. Was für ein Jammer.

Ja, so ist das mit unüberwindlichen Mauern und Grenzen. Sie suggerieren Schutz, aber die vermeintlich Geschützten gucken gegen die Wand.

Unser Grundstück hat keinen Zaun und auch keine blickdichte Hecke. An der Grenze stehen blühende Sträucher und Büsche. Dazwischen kann man hindurchgucken. Das finden wir gut, denn manchmal ergeben sich nette Gespräche mit Nachbarn oder Vorbeikommenden. Unsere Grundstücksgrenzen sind also klar definiert, sind erkennbar, und zugleich sind sie durchlässig. – Dieses Bild haben wir im Kopf, wenn wir hier von Grenzen sprechen.

Unsere Grundstücksgrenzen sind klar definiert und zugleich sind sie durchlässig. – Dieses Bild haben wir im Kopf, wenn wir hier von Grenzen sprechen.

Wir sind überzeugt: Grenzen ermöglichen Freiheit. Geben einen Rahmen, in dem ich gestalten kann. Vor allem Grenzen, die ich mir selber setze. In diesem Buch möchten wir mit Ihnen entdecken, wie Sie Grenzen liebevoll und gekonnt ziehen.

Denn auch unser menschliches Miteinander, unsere Liebe braucht Grenzen. Grenzen, die nicht abweisen, sondern die die Liebe einfrieden. Sie beschützen, denn sie ist kostbar. *„Nur etwas, was begrenzt ist, hat auch Wert"*, sagt der Philosoph Wilhelm Schmidt in einem Interview.[2]

Und beschützt werden muss die Liebe. Fehlende Grenzen lassen sie ausbluten. Die Liebe eines Paares zum Beispiel hat Vorrang vor der Beziehung zu den Eltern. „Wir wohnen mit meinen Schwiegereltern in einem Haus", erzählt mir eine junge Frau. „Sie wohnen unten, wir oben. Aber ihre Vorrats-

Unser menschliches Miteinander, unsere Liebe braucht Grenzen.

kammer ist neben unserer Küche. Neulich kam ich nackt aus der Dusche, da stand meine Schwiegermutter im Flur. So was kommt bei uns öfter vor. Das macht mich total wütend." Eine Wut, die meist ihr Mann abkriegt. Der sich dann zwischen allen Stühlen fühlt. Der seine Frau verstehen kann, aber auch meint, seine Mutter verteidigen zu müssen. Das bekommt der Liebesbeziehung des Paares überhaupt nicht gut.

Dabei wäre die Lösung manchmal so einfach. Eine Tür einbauen, die man abschließen kann. Die muss ja nicht immer geschlossen sein. Aber eben dann, wenn das Paar oder einer der beiden für sich sein will.

In Abwandlung eines Liedes möchten wir sagen: Glücklich ist, wer ermisst, wo die eigne Grenze ist.[3]

Liebe und Grenzen gehören zusammen. Grenzen ohne Liebe sind brutal. Und Liebe ohne Grenzen verliert sich.

> **Oft wird Menschen empfohlen: Du musst Nein sagen lernen. Wir möchten Sie ermutigen, Ja zu sagen.**

Oft wird Menschen empfohlen: Du musst Nein sagen lernen. Wir möchten Sie ermutigen, Ja zu sagen.

Und zwar zwei Mal:

- Ja sagen zu den eigenen Bedürfnissen und Grenzen. Ich darf die haben, und zwar mit gutem Gewissen. Sie sind okay, und es ist gut, dazu zu stehen.
- Ja zur Eigenart und zu den Grenzen des anderen. Er oder sie hat ein Recht auf ihre Wünsche, und ich sollte ihr die zugestehen und sie respektieren. Sie darf die haben – aber ich muss sie nicht alle erfüllen.

„Zwei Mal Ja ist das neue Nein", kommentierte eine Freundin augenzwinkernd. Es hilft aus der Abwehrhaltung herauszukommen und konstruktiv nach Lösungen zu suchen.

Und wenn alles zu spät scheint? Wenn Grenzen schon schlimm verletzt wurden? Davon erzählen wir im letzten Kapitel. Und haben dafür auch den „Bergdoktor" bemüht. Da werden „bittere Tränen" vergossen. Lesen Sie selbst!

Auch unsere Liebe als Paar brauchte Grenzen, das mussten wir schon ganz am Anfang unserer Beziehung lernen. Wir erzählen davon in diesem Buch. Zugleich danken wir allen, die ihre Grenzerlebnisse mit uns teilten und uns erlaubten, hier darüber zu berichten. Bei einigen Geschichten haben wir Namen, Alter und äußere Umstände so verändert, dass niemand erkennbar ist.

Für die kritische Durchsicht des Manuskripts und hilfreiche Hinweise danken wir sehr herzlich:
• Felicitas Bärend, Eheberaterin
• Dr. Hans Martin Rothe, Facharzt für Psychosomatische Medizin und Psychotherapie, Chefarzt der gleichnamigen Abteilung im Städtischen Klinikum Görlitz
• Unserer Tochter Nora Parasie, Lehrerin

Außerdem danken wir unserer Lektorin Petra Hahn-Lütjen. Liebe Petra, es macht einfach Spaß, mit dir zusammen Projekte zu entwickeln. Wie schön, dass du dich gleich fürs Thema Grenzen begeistern konntest. Danke für deine liebevoll-kritische Begleitung.

Wir sind überzeugt: Grenzen setzen macht glücklich. Wir möchten Sie ermutigen, das auszuprobieren.

Luitgardis Parasie und Dr. Jost Wetter-Parasie
Northeim im Sommer 2021

Familie braucht Grenzen

„Diese Frau passt nicht zu dir"

Ich war bis über beide Ohren verliebt. Seit einem Jahr kannte ich diese Frau. Ich wollte sie heiraten. Wir studierten Theologie in Heidelberg.

Zum ersten Mal war ich Lui im Herbst 1974 begegnet. In einer gelben Öljacke und brauner Cordhose mit Schlag kam sie ins Heidelberger theologische Institut geradelt. Flott, flott, dachte ich. Offenbar kannten viele meiner Kommilitonen sie. Mich jedoch nahm sie nicht wahr, bis mich jemand vorstellte und sagte: „Das ist der Neue aus Bonn." Machte offenbar keinen großen Eindruck auf sie. So verging das Wintersemester. Im März 1975 fuhr sie mit einer ganzen Gruppe Heidelberger Studenten auf eine Theologenfreizeit ins Tessin. Ich war auch dabei. Frühling, Sonne, blühende Pflanzen, schneebedeckte Berggipfel und der blaue Luganer See. Da muss man sich ja verlieben. Lui war immer gut drauf. Sie flirtete mit meinen Freunden und sah ausnehmend gut aus in ihrem kurzen Rock und engen Pulli. Ich versuchte in ihrer Nähe zu sein, sooft es ging. Sie behandelte mich wie einen guten Kumpel. Eines Tages lud ich sie zu einem Spaziergang ein. Ich fasste all meinen Mut zusammen und sagte: „Ich wollte mal fragen, wie du unsere Beziehung so einschätzt. Ich weiß ja nicht, wie es bei dir ist, aber ich bin ziemlich verliebt in dich." Puh, jetzt war es raus. Sie fiel aus allen Wolken. „Du bist für mich einfach ein Freund wie die anderen auch", sagte sie. „Mehr ist da nicht." Eine eiskalte Dusche. Ich fühlte mich vor den Kopf gestoßen. Wie gerne hätte ich sie in die Arme genommen und ihre Nähe gespürt. Aber ich hatte mir wohl nur eingebildet, dass sie etwas für mich empfand.

Sommersemester 1975. Ich suchte immer wieder Luis Nähe und bot meine praktische Hilfe an, wo es nur ging. Sie zog in eine andere Wohnung. Ich half beim Umzug. Sie wollte ihre Patentante in Holland besuchen. Ich brachte sie mit meinem alten VW-Käfer an den Bahnhof. Dann rief ich die Tante an und informierte sie über die Ankunftszeit. Das hatte weitreichende Folgen. Diese Tante Renate war nämlich Luis enge Vertraute. Stundenlang liefen die beiden Frauen auf Walcheren am Strand entlang und führten tiefsinnige Gespräche. Tante Renate sagte: „Dieser Jost, der hat so eine warmherzige Stimme, ich glaube, das ist der Richtige für dich." – „Aber ich bin gar nicht in ihn verliebt", war die Antwort, „er ist mir viel zu brav, ich finde den Philipp viel interessanter, mit dem kann ich stundenlang über philosophische Fragen diskutieren." Das konnte Tante Renate nicht überzeugen. Sie hatte zwar nur ein einziges Mal mit mir telefoniert, aber sie hielt mir eisern die Stange. Philosophische Fragen, was will man damit schon im Alltag? Sie sah das nicht als Qualitätsmerkmal an, wenn es um den Mann fürs Leben ging. Eines Tages kam eine Postkarte von mir in Holland an. Tante Renate und ihre Tochter Gine bastelten eine fantasievolle Konstruktion, in der sie sie über den Esstisch hängten. Beim Mittagessen entdeckte Lui sie. Mutter und Tochter lachten sich kaputt. Tante Renates Mann hatte von all dem nichts mitbekommen, er fragte irritiert: „Warum lacht ihr so? Wer ist denn dieser Jost?" Daraufhin sagte die zehnjährige Gine: „Das ist der, von dem die Mama will, dass sie ihn heiratet, aber sie will nicht."

Als Lui aus Holland zurückkam, richtete ich es so ein, dass ich „zufällig" zur richtigen Ankunftszeit am Kölner Bahnhof war und sie mit nach Heidelberg nehmen konnte.

Unsere Beziehung wurde enger, wir machten mit Freunden zusammen einen Tanzkurs, gingen in die Disko und ins Kino, spazierten stundenlang am Neckar oder den Philosophenweg entlang. Wir organisierten einen Bibelkreis mit koreanischen Kommilitonen, wir joggten durch den Schlosspark und gaben uns schließlich dort auf einer Bank den ersten Kuss. Es war so viel, was uns verband. Mit der Zeit wuchs bei uns beiden das Gefühl, dass wir zusammengehörten.

Sich von den Eltern lösen

Dann können wir ja auch eine gemeinsame Wohnung suchen und heiraten, dachten wir etwa ein Jahr später. Ich rief meine Eltern an und erzählte es ihnen. Die waren vollkommen schockiert. „Bitte komm sofort nach Hause", schrieb meine Mutter. „Das ist nicht die richtige Frau für dich. Seit du sie kennst, hast du dich so verändert. Du bist ihr nicht gewachsen. Die drängt dich zu etwas, was dir nicht guttut. Und ihre Familie erst. Diese bestimmende Mutter, und der eigensinnige Vater. Luis Mutter ist ja schon seine dritte Frau. Für den Glauben interessiert er sich gar nicht. Die passen nicht zu uns."

Schließlich fuhr ich 500 Kilometer von Heidelberg nach Hause, um mir die Argumente anzuhören und meine Eltern von meinem Entschluss zu überzeugen. Ich hatte immer viel auf ihre Meinung gegeben. Hatte mich ja auch für den Beruf meines Vaters entschieden, der Pfarrer war. Es war mir sehr wichtig, dass meine Eltern in entscheidenden Fragen hinter mir standen. Überhaupt war ich eher der angepasste Sohn. Meine jüngere Schwester scherte viel mehr aus. Sie machte ihr eigenes Ding, traf sich heimlich mit Jungs und hatte dauernd Zoff zu Hause.

Da saß ich nun auf dem Sofa und hatte meine besorgten Eltern vor mir. „Hast du dir das gut überlegt? Mit so einer Entscheidung muss man sich Zeit lassen. Am besten, du hältst erst einmal Abstand zu Lui. Studierst an einem anderen Ort. Dann kannst du sehen, ob die Liebe hält. So wie bei uns, wir waren vier Jahre verlobt. Und wir hätten nie geheiratet gegen den Rat unserer Eltern."

Für meine Mutter und meinen Vater ging alles zu schnell. Zu unüberlegt. Und überhaupt, diese Frau. Viel zu selbstbewusst. Zu dominant. Da würde ich total untergebuttert. Was wäre denn mit der Schwester meines Schulfreunds, der Gabi? Die sei ein Mädchen nach ihrem Herzen, meinte meine Mutter. Still und lieb. Häuslich, und sie würde sich bestimmt gut anpassen. Ich war entsetzt. „Dann gehe ich lieber ins Kloster", platzte es aus mir heraus.

Meine Eltern waren überzeugt, dass ich in mein Unglück renne.

Ich erinnerte mich an meine älteste Cousine. Vor Jahren hatte sie mal monatelang bei uns gewohnt, mit 22 Jahren. Sie war verlobt, aber die Beziehung war nicht ganz einfach. Ihre Eltern wollten, dass sie sich trennte. Sie schickten ihre Tochter für Monate in unsere Familie. Sie sollte Abstand zu dem Mann bekommen.

„Es war eine furchtbare Zeit", fasst sie zusammen. Die Zwangstrennung half überhaupt nicht. Meine Cousine musste ihren eigenen Weg gehen. Sie heiratete ihren Verlobten, bekam mit ihm zwei Kinder.

Den Rat der Eltern abwägen, aber den eigenen Weg gehen: Das war jetzt auch meine Aufgabe. Es fiel mir unendlich schwer. Ich wünschte mir Harmonie, Bestätigung. Aber die kam nicht. Meine Eltern fielen mit einer Fülle von Argumenten über mich her. Das Schlimme war: Es war nicht alles Quatsch, was sie sagten. Manches hatten sie ganz richtig beobachtet. Sie hatten unsere Probleme schon gut erkannt. Aber wo gibt es eine Beziehung ohne Konflikte?

Man kann den Kairos verpassen: den günstigen Augenblick, die richtige Zeit.

„Wartet bitte noch zwei Jahre und prüft euch. Warten kann doch nie schaden", sagten meine Eltern. „Doch, es kann schaden", sagte ein guter Freund, dem ich mich anvertraute, „man kann nämlich den Kairos verpassen." Kairos, im Neuen Testament ein Ausdruck für den günstigen Augenblick, die richtige Zeit. Wenn man den verpasst, kann es für immer zu spät sein. Wer zu spät kommt, den bestraft das Leben, so ähnlich hatte es Michael Gorbatschow 1989 ausgedrückt, und da ist durchaus etwas dran. Darum heißt es im Neuen Testament: Nutzt den Kairos.[4]

Ich spürte deutlich, dass ich eine Entscheidung treffen musste. Schmerzlich und herausfordernd musste ich durchbuchstabieren, was es bedeutet, Vater und Mutter zu verlassen. So heißt es am Anfang der Bibel: *„Darum wird ein Mann seinen Vater und seine Mutter verlassen und sich mit seiner*

*Frau verbinden. Die zwei sind dann eins mit Leib und Seele.*⁶ Ohne „Verlassen", also ohne Abgrenzen, gibt es kein richtiges Sich-miteinander-Verbinden. Ohne dass man klare Grenzen zieht, keine exklusive Beziehung. Ich wusste: Würde ich, wie es meine Eltern verlangten, die Entscheidung aufschieben, dann würde ich mein Glück verspielen. Dann wäre Lui weg. Halbherzigkeit war so gar nicht ihres und auch kein jahrelanges Hin und Her. Es würde keine zweite Chance mit dieser Frau geben, da war ich mir sicher. Ich wollte aber diese und keine andere. Also musste ich eine Trennlinie ziehen. Ich sehe meine Eltern noch vor mir, wie sie mich an den Zug brachten und ihnen die Tränen in den Augen standen. Das war hart für mich. Sie meinten es ja gut mit mir.

Ich fuhr zunächst zu einem gemeinsamen Freund nach Heidelberg und sprach mit ihm über meine Situation. Das tat gut und half mir weiter. Dann kam Lui. Sie war völlig fertig. Fuhr nach unserem Gespräch erst mal drei Wochen zu ihrer Familie in die Lüneburger Heide, damit ich Abstand bekam und in Ruhe überlegen konnte. Aber so lange brauchte ich nicht. Ich hatte mich für sie entschieden. Diese Entscheidung war zwar durch die Intervention meiner Eltern kurzzeitig ins Wanken geraten, aber sie wurde für mich durch diese Krise nur umso gewisser. Mir war sehr deutlich geworden, dass ich eine Grenze zwischen mir und meinen Eltern setzen musste, für mich persönlich, aber auch für uns als Paar.

Wir heirateten ein halbes Jahr später, Ende August 1976. Mein Vater ist nicht zur Hochzeit gekommen. Meine Mutter weinte die ganze Zeit. Aber Lui und ich hatten eine tiefe Gewissheit, dass wir das Richtige tun.

Ein Jahr später besuchten uns meine Eltern für ein Wochenende in Heidelberg. Wir tasteten uns vorsichtig wieder aneinander heran. Vor der Abreise schrieb mein Vater ins Gästebuch:

Ihr lieben Kinder beide,
Wir Eltern sind beglückt,
Nach manchen Fragen, manchen Zweifeln
euch hier zu finden, ach so froh.

Der bangen Zweifel Nebel fielen,
Als wir euch fanden froh vereint
Und sah'n, wie traute Liebe keimt.

Wir möchten ferner euch nicht quälen
Mit Sorgen und Bedenken
Und fest Vertrauen zu euch in
Unsere Herzen senken.

Das hat uns tief berührt. Bis heute rechnen Lui und ich es meinem Vater hoch an, dass er die selbstkritische Souveränität aufbrachte, diese Worte zu schreiben. Das Verhältnis zu meinen Eltern wurde über die Jahre sehr gut, mein Vater unterhielt sich gerne über theologische Fragen mit Lui, und meine Mutter sprach stets sehr wertschätzend über Luis Arbeit als Pastorin.

Sich von den Eltern abgrenzen ist eine notwendige Voraussetzung. Sich von den Eltern abgrenzen ist eine notwendige Voraussetzung, damit sich das Selbst entwickelt und eine Beziehung gelingt. Das meinen die Paartherapeuten Hans Jellouschek und Bettina Jellouschek-Otto. Sie haben beobachtet: Viele Beziehungen scheitern daran, dass ein oder beide Partner sich nicht von den Eltern gelöst haben. *„Zu echter Ablösung, zu einem stimmigen Verlassen der Eltern gehört, dass man sie tatsächlich loslassen, hinter sich lassen kann und weder mit positiven noch mit negativen Gefühlen an ihnen hängt."*[6] Auch die negativen Gefühle hinter sich lassen: Wer weiter auf seine Eltern schimpft und wütend ist, der bleibt innerlich mit ihnen verbunden.

Selbst wenn Eltern einem übel mitgespielt haben und den Bedürfnissen ihres Kindes nicht gerecht geworden sind, ist es gut, sich mit ihnen auszusöhnen. Auch dafür muss man sich abgrenzen. So meint es jedenfalls das Ehepaar Jellouschek. Manchmal ist eine Aussöhnung schwer oder erscheint unmöglich. *„Hier käme es darauf an, loszulassen und mit den ständigen inneren und äußeren Anklagen gegen die Eltern aufzuhören. Denn diese erzeugen nur neue Abhängigkeiten von ihnen"*, sagt Jellouschek.[7]

Ich sage oft zu meinen Patientinnen und Patienten in so einer Situation: „Wem Sie die Schuld geben, dem geben Sie auch Macht über sich." Besser ist es dann zu sagen: „Ihr habt mir unrecht getan. Ihr habt mir nicht die Sicherheit und Geborgenheit gegeben, die ich als Kind gebraucht hätte. Aber ich gehe trotzdem meinen Weg und werde es besser machen. Ich fühle mich nicht mehr gebunden. Jetzt trennen sich unsere Wege. Aber dennoch bleibt ihr meine Eltern."

Es gibt keine perfekten Eltern. Aber in der Regel geben Eltern das Beste, was ihnen mit ihrer jeweiligen Lebensgeschichte möglich ist.

Die Nabelschnur kappen

Wenn der Sohn Drogen nimmt

„Warum ist mir das passiert?", fragt Dagmar. „Ich habe doch alles für meine Kinder getan, wollte immer nur ihr Bestes. Ich habe es so geliebt, meine Familie um mich zu haben, meinen Mann, unsere vier Kinder. Zu kochen, zu backen, sie zu versorgen, alle an unserem großen Esstisch. Das hat mich wirklich erfüllt." Man merkt es ihr an, sie ist eine leidenschaftliche Mutter und mit Überzeugung Hausfrau. Ihren Beruf als Verwaltungsangestellte hatte sie nach der Geburt ihres ersten Kindes aufgegeben. Sie wollte ganz für ihre Familie da sein. Langweilig wurde ihr nie mit den vier Kindern, dem großen Haushalt und Garten. Sie spielte zudem im Posaunenchor der Kirchengemeinde mit und engagierte sich dort ehrenamtlich.

Die Kinder wurden groß, zogen von zu Hause aus, erlernten Berufe. Der Jüngste suchte sich eine Wohnung im selben Ort wie die Eltern.

Eines Tages hatte er einen schweren Unfall, der ihn für lange Zeit außer Gefecht setzte. Doch das Schlimmste war: Er kriegte seelisch die Kurve nicht mehr. Versackte in Depressionen, brach die Lehre ab und fing an, Drogen zu nehmen. Dagmar und ihr Mann taten alles, was sie konnten, aber es wurde immer schlimmer. Irgendwann war ihr Sohn so fertig, da kam er und sagte: „Bringt mich in die Klinik, ich will einen Entzug machen." Dagmar und ihr Mann waren elektrisiert, schöpften neue Hoffnung, fuhren sofort ins Krankenhaus mit ihm. „Aber die nahmen ihn nicht! Das sei kein Notfall, er müsse sich regulär über den Hausarzt einweisen lassen. Wir waren verzweifelt, und unser Sohn war so frustriert. Alles ging wieder weiter mit den Drogen." Dagmar betete und schrie zu Gott, aber nichts änderte sich. Es war, als wäre Gott taub.

Irgendwann konnte Dagmar nicht mehr. Sie merkte, dass sie selbst Hilfe brauchte, und suchte eine Psychotherapeutin auf. Die erklärte: „Ich mache nur eine Therapie mit Ihnen, wenn Sie in eine Selbsthilfegruppe für Angehörige von Drogenabhängigen gehen." – „Was sollte ich machen?", sagt Dagmar, „ich fing also an, zu dieser Gruppe zu gehen. Hoffte auf Verständnis. Ich dachte, ich würde da aufgefangen. Doch stattdessen sagten die Mitglieder knallhart zu mir: ‚Du musst die Nabelschnur durchschneiden. Wenn du ihn immer wieder auffängst, wird er sich nicht ändern. Es ist für ihn ja so bequem!'" Dagmar fragte schockiert: „Wie soll ich das denn verstehen?" – „Ihm zum Beispiel euren Hausschlüssel wegnehmen und ihm kein Geld mehr geben. Solange er an Mamas Tropf hängt, wird er nie lernen, Verantwortung für sein Leben zu übernehmen."

Dagmar war fassungslos. „Mein Verstand sagte mir: Die haben recht. Das ist die einzige Chance. Aber mein Herz schrie", erzählt sie. „Ich war verzweifelt. Wusste nicht, ob ich das schaffen würde. Er war erwachsen, aber er war doch mein Kind. Ich musste ihm doch helfen. Und nun sollte die Hilfe darin bestehen, so hart zu ihm zu sein? Das kam mir so lieblos vor. Zum Glück war mein Mann sofort überzeugt. Er hat mich unterstützt, und so haben wir beide das gemeinsam durchgezogen. Haben ihm tatsächlich den Hausschlüssel abgenommen. Er konnte bei uns nun nicht mehr kommen und gehen, wie er wollte. Er musste klingeln, wenn er uns besuchen wollte. Und Geld gaben wir ihm auch nicht mehr, so sehr er auch jammerte. Ich fand das echt brutal, es brach mir fast das Herz."

In den vielen schlaflosen Nächten halfen Dagmar Sätze aus den Therapiestunden, das Gedankenkarussell zu unterbrechen. Mantraartig wiederholte sie sie immer wieder, was sie als richtig erkannt hatte: „Aus Liebe zu meinem Sohn muss ich die Nabelschnur durchtrennen, damit er anfängt, Verantwortung für sein Leben zu übernehmen" oder: „Wenn ich meinen Sohn nicht loslasse, verhindere ich, dass er sein Leben in den Griff bekommt".

> Aus Liebe zu meinem Sohn muss ich die Nabelschnur durchtrennen, damit er anfängt, Verantwortung für sein Leben zu übernehmen.

Dabei musste Dagmar sich in zweifacher Hinsicht abgrenzen: Sie musste zum einen ihre spontanen mütterlichen Impulse ausbremsen. Und zum anderen musste sie gegenüber dem erwachsenen Sohn äußere Grenzen ziehen: Wir sind nicht mehr für dich verantwortlich.

Dagmar sagt: „Wir haben ihn nicht fallen gelassen, das nicht. Als er jedoch mal wieder Geld wollte, sagte mein Mann ganz ruhig zu ihm: ‚Wir können dir kein Geld geben. Aber ich gehe gerne mit dir zur Bank und bespreche, was es für finanzielle Möglichkeiten für dich gibt und wie du das selber regeln kannst.'"

Es war ein Auf und Ab. Eine schwere Zeit. Oft kamen Dagmar Zweifel. Aber ihr Verstand sagte ihr: Das ist die einzige Chance. Meinen Sohn zu lieben heißt, ihn loszulassen. Ihm die Verantwortung für sein Leben zu übergeben, mit allen Konsequenzen.

Die Selbsthilfegruppe bestärkte sie immer, wenn sie unsicher wurde. Und ihr Beten hatte jetzt eine andere Intensität. Sie wusste: Gott hörte sie, hatte sie immer gehört. Aber er wollte, dass sie etwas änderte. Und sie hielt sich daran fest: Gott war mit ihr auf diesem neuen Weg und stärkte ihr den Rücken.

Heute ist Dagmars Sohn clean. Er hat eine Ausbildung gemacht und arbeitet, lebt in einer festen Beziehung. „Es ist noch manches schwierig", so Dagmar, „aber ich habe das Gefühl, er bekommt sein Leben mehr und mehr in den Griff.

Die Nabelschnur kappen – das war der entscheidende Impuls für mich."

„Du kannst meine Geschichte ruhig erzählen", meint sie zu mir, „denn vielleicht hilft das auch anderen, die in einer ähnlichen Situation sind."

Die Eltern ehren?

Wenn der Vater Alkoholiker ist

Sechs Jahre lang habe ich (LP) beim NDR in der Serie „Darf ich das? Gewissensfragen im Alltag" mitgearbeitet. Hörerinnen und Hörer schickten per Mail ihre Fragen, und ich durfte sie beantworten. Viele Fragen hatten mit dem Eltern-Kinder-Verhältnis und mit fehlenden Grenzen zwischen den Generationen zu tun. Etwa diese Frage einer Hörerin:

Ich fürchte mich vor der Zeit, wo meine Eltern pflegebedürftig werden. Mein Verhältnis zu ihnen wurde seit Kindertagen stark belastet durch den Alkoholismus meines Vaters. Erst als meine eigenen Kinder älter wurden, habe ich das aufgearbeitet. Mein Vater ist seit 16 Jahren trocken, aber er will nicht über damals reden. Das akzeptiere ich, aber was soll ich machen, wenn sie meine Hilfe brauchen?

Meine Antwort: *Ich fange mal bei Ihrer letzten Bemerkung an: Ich finde es sehr gut, dass Sie Ihre Kraft nicht für den Versuch vergeuden, mit Ihrem Vater über früher zu reden. Denn das geht meistens nach hinten los. Es gelingt nur selten, belastende Ereignisse der eigenen Kindheit alleine mit den Eltern auf-zuarbeiten. Beide Seiten sind viel zu verletzlich. Und hinzukommt: In vielen*

Familien mit Alkoholproblemen sind die Mitglieder sich sehr nah, oft zu nah. Das Klima ist geprägt von Angst, aber auch von übergroßem Verantwortungsgefühl. Kinder von Alkoholikern beziehen alles auf sich. Sie denken zum Beispiel: Papa hat wieder so viel gesoffen, weil ich böse war. Oder umgekehrt: Wenn ich mich nur richtig um ihn kümmere, wird es ihm besser gehen und er wird weniger trinken. Und manche haben dazu auch noch das vierte Gebot im Hinterkopf: Du sollst Vater und Mutter ehren, und denken: „Das heißt doch, ihnen helfen, oder?"

Sie haben Ihre Kindheitsgeschichte bereits aufgearbeitet, und deshalb wissen Sie inzwischen: Vater ist ganz alleine für sein Verhalten verantwortlich. In der Bibel sagt Gott mal zu Menschen, die unter den Fehlern ihrer Eltern leiden: Es gibt keine Sippenhaftung. Du gehörst nur Gott; ihm allein gehören Väter wie Söhne, Mütter wie Töchter. Du musst nur dein eigenes Leben vor Gott verantworten, nicht das deiner Eltern.[8]

Ihre Eltern sind noch fit, Sie machen sich aber schon Gedanken, was später werden soll. Tappen Sie nicht in die gleiche Falle wie früher. Ziehen Sie eine Grenze, geben Sie die Verantwortung ab. Sagen Sie Ihren Eltern deutlich, was Sie leisten können und was nicht. Also zum Beispiel: Ihr könnt nicht bei mir wohnen, aber ich komme euch gerne ab und zu im Altersheim besuchen. So werden Sie dem vierten Gebot gerecht, ohne sich selbst auffressen zu lassen. Und solche klaren Ansagen helfen auch ihren Eltern, gute Entscheidungen für ihr Alter zu treffen.

Zwei Mal Ja sagen

„Wir hatten meine Mutter in den Urlaub mitgenommen", erzählt Dorothee, eine junge Frau mit zwei kleinen Kindern. „Zwei Wochen am Meer. Wir verbrachten den ganzen Tag mit ihr, machten Ausflüge, waren am Strand, gingen mit ihr Kaffee trinken. Einmal fragten mein Mann und ich sie, ob sie abends auf unsere Kinder aufpassen würde, wenn sie eingeschlafen seien. Wir würden gerne mal was trinken gehen. Sie guckte uns gekränkt an und sagte: ‚Ihr wollt mich hier alleine sitzen lassen und euch vergnügen? Ich bin doch sonst zu Hause immer alleine. Ihr mit eurem Ehe-Egoismus.‘ Wir sind dann natürlich nicht gegangen. Wir fühlten uns richtig schlecht und waren gleichzeitig sauer auf sie. – Sie findet auch sonst, dass wir uns nicht genug um sie kümmern und zu sehr unser eigenes Leben führen. Neulich erzählte sie uns von ihrem afghanischen Arzt. Der hätte ihr von seiner Großfamilie in Afghanistan vorgeschwärmt. Die Mutter sei dort das Zentrum der Familie, die wichtigste Person. Alle hörten auf sie, sie würde so geachtet, man läse ihr jeden Wunsch von den Augen ab. Da wäre doch die Welt noch in Ordnung.“ Dorothee seufzt. „Wissen Sie, je mehr meine Mutter von mir fordert und solche Geschichten erzählt, desto größer wird meine innere Abwehr. Ich fahre überhaupt nicht mehr gerne zu ihr hin und habe immer das Gefühl, ich müsste mich irgendwie rechtfertigen.“

Oft wird Menschen empfohlen: Du musst lernen, Nein zu sagen. Viel wichtiger finde ich es, Ja zu sagen: Ja zu mir selbst. Ja zu meinen Bedürfnissen und Wünschen. Ja dazu, dass ich glücklich sein darf. Ja zu meinen Träumen. Ja zum freien Wochenende. Ja dazu, mit dem Partner abends auszugehen. Ja zu Spaß und Freude. Ja zu dem, was ich leisten kann und will. Ja zu meinen Grenzen. Das ist nicht egoistisch, das ist auch kein „Ehe-Egoismus“, das ist fundamental wichtig.

So oft lassen Menschen sich von ihrem schlechten Gewissen hin und her schieben. Und manche Mütter sind geradezu Meisterinnen darin, in ihren Kindern Schuldgefühle zu erzeugen. Diese sind jedoch miserable Wegweiser. Es ist für Dorothee wichtig, sich ihre eigene Position bewusst zu machen, dazu zu stehen und sie innerlich zu bejahen. Gerade dann kann sie auch ihrer Mutter mehr bedeuten. Denn wenn sie ihr mit innerer Verbitterung und Abwehr begegnet, kann sie ihr keine warmherzige Aufmerksamkeit schenken.

Dazu gehört noch ein zweites Ja. Das Ja zu ihrer Mutter. Was hatte sie für eine Lebensgeschichte: den Vater früh verloren, später einen Ehemann, der chronisch krank wurde. Sie musste den Familienunterhalt verdienen und sich noch um den Mann und ihre drei Kinder kümmern. Sie hat viel gegeben und erwartet nun auch viel von ihren Kindern. Aus dem Abstand betrachtet, sind die Wünsche und Ansprüche der Mutter verständlich. Sie hat ein Recht darauf, sie darf sie haben. Aber sie können eben nicht alle erfüllt werden.

> Die Tochter sollte Ja sagen zu Mutters Geschichte, Ja zu ihren Wünschen. Aber sie kann und muss ihnen nicht eins zu eins nachkommen.

Hier kommt das zweite Ja zum Einsatz: Dorothee sollte Ja sagen zu Mutters Geschichte, Ja zu ihren Wünschen. Ihre Mutter darf die haben – aber Dorothee kann und muss ihnen nicht eins zu eins nachkommen.[9] Sondern so, wie sie selber es sich vorstellt, wie sie es kann und will. Mutters Ansprüche von ihrer Geschichte her betrachten und verstehen, und damit eine Außenperspektive einnehmen – das nimmt ihnen die übergroße Macht. Es hilft Dorothee, die Erwartungen ihrer Mutter besser einzuordnen und verständnisvoller mit ihr umzugehen – und sich gleichzeitig klarer abzugrenzen. Sie lernt, Mutter ihre Wünsche zuzugestehen – und sie auch bei ihr zu lassen.

Zwei Frauen, zwei verschiedene Leben mit ihren Interessen und Grenzen, zwei Mal Ja. Und aus dieser Position gucken, wie die Beziehung künftig gestaltet werden kann.

> Zwei Mal Ja ist das neue Nein.

Dorothee hat das „Zwei Mal Ja sagen" sofort ausprobiert. In einer Mail schrieb sie mir: „Das ist super und hilft mir umzudenken. Ich habe das gleich einem Freund weiterempfohlen und ihm geschrieben: Zwei Mal Ja ist das neue Nein!"

Der Körper ist unser Freund

Susanne pflegt ihre Schwiegermutter aufopfernd. Jeden Tag geht sie zu ihr. Die Schwiegermutter wird immer unleidlicher. Nie hat Susanne das Gefühl, es ihrer Schwiegermutter recht zu machen. Eines Tages kommt sie in meine Praxis und berichtet über Bauchschmerzen und Durchfall. Wir klären den Bauch ab, Blutbild, Ultraschall, schließlich eine Magenspiegelung und Darmspiegelung. Alles unauffällig. Ich höre nach, ob ihr womöglich etwas auf den Magen schlägt. Wenn ihr Bauch reden könnte, was würde er ihr sagen? „Er würde sagen: Die Schwiegermutter liegt mir im Magen", antwortet sie. Sie werde zunehmend ein Pflegefall. Aber sie lasse keine fremden Leute ins Haus. Nur sie, die Schwiegertochter. Sendet Susannes Körper ihr jetzt Signale, dass sie sich mehr abgrenzen muss? Möglicherweise könnte Susanne ihren Mann in die Pflege mit einbinden und sich so entlasten. Die Idee gefällt Susanne.

Monate später kommt sie wieder in die Sprechstunde. „Seit einer Woche habe ich plötzlich schreckliche Ohrgeräusche. Wo kommen die denn jetzt her?", fragt sie mich. „Wie geht es Ihrer Schwiegermutter?", frage ich. „Wissen Sie, Herr Doktor, langsam kann ich ihr Gejammer nicht mehr hören. Sie ist so undankbar", antwortet Susanne. „Interessant: Sie können das Gejammer nicht mehr hören und bekommen Ohrgeräusche", sage ich. Im Volksmund heißt es: Ich mache zu. Ich schalte auf Durchzug. „Unser Körper ist unser Freund", sage ich zu Susanne. „Hören Sie auf ihn." Wir sprechen darüber, wie sie sich konsequenter von der Schwiegermutter abgrenzen kann. Dass sie gerne Verantwortung abgeben und Pflegekräfte zu ihrer Entlastung einstellen würde. „Das ist ein guter Plan", sage ich, „und bitten Sie Ihren Mann, das seiner Mutter zu vermitteln. Dazu, dass Sie sich Hilfe von außen holen, gibt es keine Alternative. Es sei denn, sie will in ein Heim. Das sollte er ihr klarmachen, entschieden und deutlich."

Unser Körper ist unser Freund. Hören Sie auf ihn.

Freundschaft braucht Grenzen

I get by with a little help from my friends

„Ein Freund, ein guter Freund, das ist das Beste, was es gibt auf der Welt." Ein Ohrwurm der Comedian Harmonists. Auch die Beatles besingen die Freundschaft. In „I get by with a little help from my friends" geht es um wunderbare Beziehungen: Freunde gehen nicht raus, wenn du schief singst. Ja, Freunde sind da, wenn deine Liebste dich verlassen hat. Wenn du dich alleine fühlst. Du wirst all das überleben, mit ein bisschen Hilfe deiner Freunde kommst du klar. Sie helfen dir beim Umzug, streichen deine Küche, quatschen mit dir über Gott und die Welt. Mit Freunden kannst du Fußball spielen oder dich im Fitnessstudio treffen, Party machen und Probleme wälzen, weinen und versumpfen.

Was täte eine Frau ohne ihre beste Freundin, bei der sie darüber jammern kann, dass die Tochter gerade unerträglich herumzickt oder dass der alte Vater ihr Kummer macht. Die sie mit Büchern versorgt, wenn sie krank auf dem Sofa liegt, und eine Suppe vorbeibringt. Die im Urlaub die Katze füttert, den vergessenen Anrufbeantworter einschaltet und im Notfall auch das Netzteil für den Laptop hinterherschickt.

Was täte ein Mann ohne seinen besten Freund, mit dem er sich abends zum Bier trifft und über seinen beruflichen Stress stöhnt. Was täte er ohne Freunde, mit denen er eine Radtour in den Alpen oder einen Segeltörn machen kann. Als wir eine neue Küche kauften, wollte ich die selber einbauen. Aber mir fehlte es an Werkzeug. Auch konnte ich die Schränke nicht alleine montieren. Ein handwerklich begabter Freund half mir zwei Tage lang, und dann war alles perfekt. Wunderbar, wenn man solche Freunde hat.

Freunde sind ein großer Schatz, den man unbedingt pflegen sollte. Aber auch Freundschaft hat Grenzen. Zwar gibt es gute Freundschaften unter Kolleginnen und Kollegen. Aber schwieriger wird es bei Vorgesetzten.

„Der Chef darf keine Freunde haben", so provozierend war im Februar 2021 eine Seite in der Frankfurter Allgemeinen Sonntagszeitung über-schrieben. In dem Artikel wird der Politiker Thomas de Maizière zitiert. Führung brauche Distanz, sagt er. *„Wenn in dem Bereich, wo der Freund sitzt, etwas schiefgelaufen ist, dann ist da eine Hemmung, das hart zu kritisieren."*[10] Freundschaften hinderten daran, klar und entschieden zu leiten. *„Macht macht einsam. Der Chef ist immer der Chef."*[11] Deshalb solle man sich gute Freunde außerhalb des beruflichen Umfelds suchen. Die könnten einem auch viel besser helfen, das eigene Handeln kritisch zu reflektieren.

Es ist gut, sich Freunde außerhalb des beruflichen Umfelds suchen.

Kritische Situationen zwischen Freunden wurden bei mehreren Gewis-sensfragen an den NDR thematisiert, interessanterweise fast immer von Männern. Etwa die folgende:

Einem Freund Geld leihen?

Ich habe einen Freund, der sich immer wieder Geld von mir leiht. Mal be-komme ich diese Beträge zurück, mal nicht. Das ärgert mich, aber wenn ich ihm nichts leihe, habe ich ein schlechtes Gewissen. Manchmal allerdings denke ich, er gibt sein Geld auch für überflüssige Sachen aus. Muss man sich denn Markenturnschuhe kaufen, wenn man so wenig hat?

Meine Antwort: *Nein, muss man nicht. Aber man möchte doch so gerne mithalten können. Wenn man schon arm ist, dann will man wenigstens nicht so aussehen. Ein Freund, der eine kleine Firma hat, erzählte mir:* „Manch-mal können Leute ihre Rechnungen nicht begleichen. Dann lass ich sie in Raten zahlen. Aber dann rufen sie doch glatt bei mir an und sagen, sie kön-nen ihre Rate diesen Monat nicht zahlen, weil sie einen neuen Fernseher kaufen mussten. Da fühl ich mich echt auf den Arm genommen." *Kann man verstehen, oder? Mir schuldet der andere Geld, aber für einen Fernseher oder*

Markenturnschuhe hat er es, und die sind doch nun nicht überlebenswichtig. Aber ich denke, das Problem liegt tiefer. Denn hinter solchem Verhalten steckt oft die Vorstellung: Man ist etwas durch das, was man hat. Vielen Menschen fehlt es nicht nur an finanziellen Mitteln, sondern vor allem an Selbstachtung.

Von dem Dichter Rainer Maria Rilke erzählt man sich folgende Geschichte: Er kam eine Zeit lang täglich an einer Bettlerin vorbei. Nie gab er ihr etwas, und man fragte ihn, warum. Rilke erwiderte: „Wir müssen ihrem Herzen schenken, nicht ihrer Hand." Eines Tages brachte er der Bettlerin eine Rose mit. Die Frau blickte auf, erhob sich mühsam von der Erde, küsste Rilkes Hand und ging mit der Rose davon. Eine Woche lang war sie verschwunden. Man fragte Rilke: Wovon hat sie in dieser Woche gelebt? Er sagte: Von der Rose.

Wie können Sie, lieber Hörer, ihrem Freund – sinnbildlich – so etwas wie eine Rose schenken? Langfristig helfen Sie ihm ja nicht, wenn Sie ihm immer wieder Geld leihen. Was er viel mehr braucht, ist das Gefühl: Ich kann was, ich bin wertgeschätzt. Damit geben Sie ihm Nachhaltigeres und Besseres als Geld. Etwas, wovon er lange zehren kann.

Wenn der Freund zu viel trinkt

Schwierig kann es auch werden zwischen Freunden, wenn man das Gefühl hat, der andere hat ein Problem, und es geht ihm nicht gut damit. Soll man es ansprechen oder tritt man ihm damit vielleicht zu nahe? Andererseits, wer soll es ansprechen, wenn nicht ein guter Freund? Mit dieser Frage schlug sich folgender Hörer herum:

Ich habe den Eindruck, dass mein Freund zu viel Alkohol trinkt. Manchmal hat er schon vormittags eine Fahne. Bei Feiern trinkt er oft mehrere Gläser Wein und fährt dann mit dem Auto nach Hause. Neulich kam er angetrunken zu einer Party. Ich habe ein schlechtes Gefühl dabei, traue mich aber nicht, es anzusprechen. Vielleicht irre ich mich ja auch und tue ihm unrecht. Wie soll ich mich verhalten?

Ich habe ihm geantwortet: *Sie sind ein aufmerksamer Beobachter und machen sich Sorgen um Ihren Freund. Ich finde es sehr gut, dass Sie nicht sagen: Ist ja seine Sache, geht mich nichts an, und einfach alles so laufen lassen.*

Ja, es ist heikel, übermäßigen Alkoholkonsum anzusprechen. Genau darum tun es auch viele nicht. Sie reden hintenherum, aber nicht mit dem Betroffenen. Oft hat das sogar eine Art Schwarze-Schaf-Funktion. Man trinkt selbst auch nicht gerade wenig und sagt sich: Na, so viel wie der trinke ich ja noch lange nicht. Und so hat man einen Problemfall, ein schwarzes Schaf, und ist selber fein raus.

In so einem Klima des Vertuschens und hinter-vorgehaltener-Hand-Redens kann Alkoholmissbrauch prächtig gedeihen. Darum glaube ich: Sie sollten das unterbrechen. Zur Wahrheit gibt es keine Alternative. Die Wahrheit wird euch frei machen, sagt Jesus, und nicht Beschönigen oder falsche Schonung.

Sie müssen Ihrem Freund ja nicht unterstellen, Alkoholiker zu sein. Sagen Sie ihm, was Sie beobachtet haben und dass Ihnen das Sorgen macht. Im schlimmsten Fall ist ihr Freund erst mal sauer. Trotzdem wird ihm das Gespräch zu denken geben. Und es wird wirken. Denn Ihr Freund weiß nun, dass Sie ihn im Blick haben. Schon allein das wird das gewohnte Verhalten stören.

Ich habe aber auch schon erlebt, dass jemand froh war über solch ein Gespräch. Vor einiger Zeit sagte mir ein Mann: „Ich war echt im Begriff abzurutschen, hab mich mit meinen Problemen verkrochen, und der Alkohol half mir zu vergessen. Ich bin überaus dankbar, dass mein Freund klare Worte gefunden und mich auf den Pott gesetzt hat. Dadurch hab ich die Kurve gekriegt."

Ein französischer Dichter hat gesagt: „Der höchste Beweis der Freundschaft ist nicht, einem Freund unsere Fehler, sondern ihm seine bemerkbar zu machen." – Gehen Sie das Risiko ein, Ihre Freundschaft ist es wert!

So weit meine Antwort an den NDR-Hörer, der vermutet, dass sein Freund zu viel Alkohol trinkt. Solch eine Befürchtung sollte man natürlich nicht zwischen Tür und Angel vermitteln. Eine ungestörte Atmosphäre ist dazu notwendig sowie der für beide passende Ort und Zeitpunkt.

Fremdgehen decken?

Und wenn der Freund mich um Hilfe bittet bei einer Sache, die mich in einen moralischen Konflikt bringt? Da hat jemand eine große Essensbestellung von der Steuer abgesetzt. Dann kommt die Betriebsprüfung, will den Nachweis, wer an dem Essen teilgenommen hat. Der Mann ruft einen Freund an und bittet ihn anzugeben, dass er dabei war – was aber nicht stimmt. Soll man dem Freund die Bitte erfüllen oder sie ablehnen? Wo zieht man die Grenze? Das sind oft schwierige ethische Entscheidungen. Wie auch die folgende Gewissensfrage eines NDR-Hörers:

Ein guter Freund bat mich, ihn zu decken, da er eine Verabredung mit einer anderen Frau hatte. Seiner Ehefrau hat er gesagt, er sei mit mir unterwegs gewesen. Wie gehe ich damit um? Zeige ich mich meinem Bekannten, der in schwierigen Situationen immer zu mir gestanden hat, loyal, oder sage ich seiner Frau die Wahrheit?

Meine Erwiderung: *Ich finde, die Antwort ist völlig klar: Natürlich können Sie Ihren Freund nicht decken. Das ist doch alles Lug und Trug. Glauben Sie mir, ich weiß nur zu gut aus vielen Seelsorgegesprächen, wie unsäglich viel Leid und Schmerz durch Lügen und Fremdgehen verursacht wird. Gefühlschaos auf allen Seiten. Eifersucht und schlechtes Gewissen. Zerrissenheit, Verzweiflung, auf Jahre zerstörtes Vertrauen. Ein irre hoher Preis für ein paar*

Stunden Vergnügen. Und außerdem: Solche Seitenbeziehungen mögen eine Zeit lang reizvoll sein, solange sie heimlich und nebenher laufen. Verbringt man dann drei Jahre Alltag mit der Geliebten, ist das Faszinierende schnell dahin. Und in den meisten Fällen steht man wieder vor den Problemen, die man schon in der vorigen Beziehung nicht gelöst hat.

Wenn Sie Ihrem Freund helfen und ein wirklicher Freund sein wollen, dann gehen Sie mit ihm essen und reden Sie mit ihm Klartext. Ermutigen Sie ihn, seiner Frau zu beichten und etwas für seine Ehe zu tun. Das ist allerdings harte Arbeit an sich selbst. Mit Jammern über die Partnerin kommt man da nicht weit. Sondern nur wenn man die eigenen Anteile entdeckt, sich seinen Defiziten stellt und bereit ist, sich zu ändern.

Von solch einer Männerfreundschaft, die Ehebruch nicht vertuscht und an der Wahrheit wächst, wird in der Bibel berichtet. König David hatte ein Verhältnis mit einer verheirateten Frau angefangen. Eines Tages bekam er Besuch von einem langjährigen Freund. Der sagte ihm auf den Kopf zu: Du hast gelogen, betrogen, die Ehe gebrochen und dich total in Schuld verstrickt. Und David? Er war erschüttert. Und froh, dass jemand wagte, ihm die Meinung zu sagen. Er sah alles ein, bereute, bat Gott um Vergebung und bekam eine zweite Chance.

Zu einer guten Freundschaft gehört Wahrheit. Alles andere wäre keine Freundschaft, sondern Kumpanei. Neulich las ich das Zitat: Nur wahre Freunde sagen dir, dass dein Gesicht schmutzig ist.

Das eigene Terrain schützen

„Du bist über der Grenze"

Menschen sind empfindlich, was ihre Grenzen angeht. Die einen mehr, die anderen weniger. Das fängt bei den äußeren Grenzen an. Es ist wunderbar, dass man dank des Schengen-Abkommens ganz unkompliziert in viele Länder Europas reisen kann. Die Grenzen sind offen – aber trotzdem sind sie da. Und sie können notfalls auch geschlossen werden. Manche Länder wollen diese offenen Grenzen aber gar nicht, die Schweiz etwa. Und auch Großbritannien hat ja inzwischen beschlossen, seine Grenzen wieder mehr zu definieren und zu schützen. Das Empfinden dafür, wie stark eine Grenze gezogen werden muss, ist individuell sehr unterschiedlich.

Eines Tages klingelte unser Nachbar an unserer Haustür. „Ihr Holzzaun steht zweieinhalb Zentimeter auf meinem Grundstück, ich habe das nachgemessen. Und außerdem ist er ja am Hang, da drückt von oben die Erde dagegen und er neigt sich schräg in unsere Richtung. Er wird bestimmt auch noch weiter kippen. Sie müssen das ändern."

Mein Mann war sehr betroffen. Die beiden gingen nach draußen und guckten sich alles an. Der Nachbar hatte leider recht.

Ich regte mich auf: „Zweieinhalb Zentimeter, das ist doch lächerlich. Und deshalb sollen wir jetzt die ganzen Holzpflöcke wieder rausreißen und den Hang neu befestigen? Das ist doch eine Wahnsinnsarbeit. Wie bescheuert ist das denn wohl. Kann man da nichts anderes machen?"

„Nein", sagte mein Mann, „der Nachbar ist sehr genau, guck dir an, wie überaus sorgfältig er sein Haus verklinkert. Und die zweieinhalb Zentimeter sind ja nicht das einzige Problem. Er hat eben auch Angst, dass die Holzpflöcke irgendwann umfallen und unser Hang auf seinen Rasen rutscht. Wenn wir das jetzt nicht ändern, haben wir jahrelang Ärger, das wäre doch schrecklich. Es ist zwar blöd, aber ich mache das lieber gleich alles neu."

Wir haben jetzt eine Mauer anstelle der Holzpflöcke, die steht genau auf der Grenze und ist bombenfest. Der Hang kann nicht mehr abrutschen, und die Grenze ist nicht überschritten. Der Nachbar ist zufrieden, es gibt keinen Streit. Und er kommt uns seinerseits entgegen: Wenn wir einen Baum fällen wollen, der am Hang steht, dann dürfen wir dafür auch auf sein Grundstück.

„Du bist über der Grenze!" Unsere drei Kinder spielten das im Auto oft auf dem Rücksitz. Jeder definierte die Grenze, wo sein Sitz endete und der des anderen begann. Und wehe, der andere rutschte zu weit rüber.

Das gab lauten Zank und Geschrei, immer wieder. Der eigene Platz wurde vehement verteidigt. **Schon kleine Kinder wollen ihr Revier abstecken und schützen.** Besser wurde es erst, als wir einen Kleinbus kauften, in dem jedes Kind seinen eigenen Sitz hatte.

Unser Garten hat – außer der Mauer zum Nachbarn, die den Hang sichert – keinen Zaun. Er ist an vielen Stellen offen und man kann einfach reingehen. Zum Beispiel die Nachbarskinder, wenn ihr Ball mal wieder bei uns landet. Das ist vollkommen okay. Wir mögen keine Mauern und Zäune. Aber trotzdem ist klar, wo unser Grundstück ist, wo es anfängt und wo es endet. Unser Terrain ist klar umrissen. Freunde dürfen kommen und gehen. Aber wenn Fremde oder entfernte Bekannte einfach ungefragt ums Haus rum in den Garten spazieren, empfinde ich das als Grenzverletzung.

Wie offen dürfen Grenzen sein? Und wann muss ich die Grenze enger ziehen, sie besser schützen? Unser Körper gibt dafür manchmal deutliche Signale, auch über die Haut. Ich (LP) habe die Signale meines Körpers lange nicht verstanden. Davon erzählt das folgende Kapitel.

Der Beruf braucht Grenzen

Aufgehen in der Umarmung?

Manchmal gehen die Meinungen darüber auseinander, was eigenes, privates Terrain ist oder öffentlicher Raum. Als unsere Kinder klein waren, lebten wir in einem alten Pfarrhaus mit riesigem Garten. Es war ein sonniger, heißer Sonntagnachmittag. Ich spielte mit unseren Kindern im Planschbecken, wir alle hatten Badekleidung an. Zwischendurch setzte ich mich daneben in die Hängeschaukel. Auf einmal erschien ein alter Kirchenvorsteher aus dem Nachbardorf, das zu meiner Gemeinde gehörte. Er kam, ohne zu klingeln, ums Haus herum nach hinten in den Garten und setzte sich ungefragt neben mich. Dann erzählte er mir zwei Stunden lang etwas über Friedhofsprobleme. Der Mann hatte offenbar Zeit ohne Ende. Ich war Berufsanfängerin und vollkommen irritiert. Fühlte mich überfallen und auch ungeschützt in meinem Bikini. Ja, der kircheneigene Friedhof in dem Dorf trug sich finanziell nicht, und es gab Ärger mit Kies auf den Gräbern und unebenen Wegen. Aber das ist doch kein Notfall, den man am Sonntagnachmittag im Garten besprechen muss. Wieso kam ich nicht auf die Idee aufzustehen, ihm einen Termin zu Bürozeiten anzubieten und ihn höflich zu verabschieden?

Das Pfarrhaus – ein spezielles Biotop

Durch diesen „Überfall" wurden mir zwei Dinge klar: 1. Der Pfarrgarten wurde offenbar als ein öffentlicher Raum angesehen, den man ungefragt einfach betreten darf. Er hatte keine Grenze, gehörte jedem im Dorf. Nie wieder habe ich mich seitdem im Bikini in den Garten gesetzt.

2. Auch die Pastorin wurde als eine Art Gemeineigentum angesehen. Sie hat kein Privatleben, jedenfalls nicht solange sie sich im Dorf aufhält. Man darf sie auch am Sonntagnachmittag mit Friedhofsangelegenheiten

behelligen, wenn einem das gerade in den Sinn kommt. Oder auch mit Beglaubigungen, denn „wir haben Sie gerade auf dem Hof gesehen, da dachten wir, Sie können da vielleicht eben schnell einen Stempel draufdrücken".

Je nach Standpunkt wurden Grenzen von verschiedenen Personen offenbar ganz anders wahrgenommen. Das Leben als Pastorinnenfamilie im Dorfpfarrhaus lud für mein Gefühl sehr zu Grenzüberschreitungen ein. Die soziale Kontrolle auf dem Dorf ist enorm, die Menschen bekommen einfach jeden Schritt mit, den man tut. Wie kann man da sein Terrain schützen, Grenzen ziehen? Ich fand das schwierig. Es ging eigentlich nur, wenn wir verreisten. Doch sobald wir wieder ins Dorf einfuhren, war es wie Eintauchen in ein spezielles Biotop, das mich komplett umschloss.

Meine Familie hat das überhaupt nicht so empfunden. Mein Mann fuhr jeden Tag nach Göttingen zum Medizinstudium und später dann zur Arbeit im Krankenhaus. Er kam abends gerne zurück und fand das Leben im Dorf herrlich. Und unsere drei Kinder haben es heiß geliebt: den großen Garten direkt am Bach, den Nachbarn, der draußen Ziehharmonika spielte, den anderen mit seinen Kaninchen, das alte Ehepaar mit den Ziegen. Sie kletterten auf Bäume und holten die Milch quer über die Wiese direkt beim Bauern. Als die Kinder klein waren, konnten sie praktisch nicht verloren gehen, denn das Dorf war überschaubar und jeder kannte sie. Das Kommen und Gehen im offenen Pfarrhaus war für sie normal, sie sahen alle Mitarbeiter als Onkel und Tanten an. Noch heute erzählen sie mit leuchtenden Augen davon.

Ich habe mich gerne darauf eingelassen und den Beruf der Pastorin mit Leidenschaft ausgeübt. Hatte tolle Mitarbeiterinnen und Mitarbeiter, und gemeinsam haben wir viel bewegt. Jedes Jahr eine Bibelwoche oder einen Glaubenskurs veranstaltet, im Sommer Kinderbibelwochen, Familienfreizeiten. Wir haben Hauskreise gegründet, ein Frauenfrühstück und einen großen Jugendkreis. Der Gottesdienstbesuch stieg kontinuierlich, viele Menschen engagierten sich.

Und doch wuchs in mir zunehmend das Gefühl, ganz und gar umschlossen zu sein. Von diesem Dorf, das mich sozusagen einverleibte, und von seinen Einwohnern. Sie wollten mir nichts Böses, überhaupt nicht. Im Gegenteil. Sie wickelten mich in Liebe ein. Und ich liebte sie ja auch, meine Arbeit und die Menschen dort. Aber ich wollte nicht zum Inventar werden, wollte nicht komplett aufgehen in dieser Umarmung.

> Sie wickelten mich in Liebe ein. Aber ich wollte nicht komplett aufgehen in dieser Umarmung.

Als mein Kopf nicht reagierte, rebellierte mein Körper: Nach neun Jahren bekam ich auf einmal rote Quaddeln an den Armen, den Oberschenkeln, sogar im Gesicht. Sie juckten fürchterlich, und ich sah total krank aus. Nach ein paar Tagen verschwanden sie, und ich dachte mir nichts weiter dabei. Aber dann kamen sie immer häufiger. „Das ist eine Nesselsucht, medizinisch: Urtikaria", sagte mein Mann. Er machte alle möglichen Untersuchungen, schickte mich auch zu einer Hautärztin. Ohne Ergebnis, es wurde keine Ursache gefunden, ich war kerngesund. Aber die Urtikaria ließ sich nicht davon überzeugen. Das Jucken war manchmal kaum zu ertragen. Auch eine Mutter-Kind-Kur auf Borkum mit Sole-Licht-Therapie half nicht. Ohne Antihistaminikum ging gar nichts mehr. Und sobald ich das Medikament absetzte, fing alles wieder von vorne an.

Zu der Zeit begann ich eine Ausbildung in systemischer Familientherapie. Dabei geht es auch um die eigene Herkunftsfamilie und um die Probleme, mit denen man aktuell zu kämpfen hat. In einer Ausbildungseinheit lernten wir Externalisieren: Das Problem wird quasi nach außen verlagert, es wird personifiziert und erhält einen Namen. Eine Kollegin, starke Raucherin, nannte ihre Sucht „Herr Nikotin".

> Externalisieren hilft das Problem von außen zu betrachten, und dadurch auf neue Lösungen zu kommen.

Es wird dann detailliert gefragt: Was macht Herr Nikotin? Wo ist er, wo ist sein Platz in deiner Wohnung? Was tut er für dich? Wann ist er am liebsten da? Wie behandelst du ihn? Wie kannst du anders mit ihm umgehen? Das Externalisieren hilft das Problem von außen zu betrachten, eine andere

Perspektive einzunehmen und dadurch auf neue Lösungen zu kommen.

Wie sollte ich meine Urtikaria beschreiben? Das Bild war sofort da: Ein böser kleiner Zwerg. „Was tut der?", fragte die Ausbilderin. „Der hüpft die ganze Zeit um mich herum", sagte ich. „Und was will er?" – „Keine Ahnung, mich ärgern." – „Aber was will er erreichen, was bezweckt er damit?" Ich dachte nach. Der hüpft wie verrückt um mich herum und ich stehe da wie angewurzelt. Wozu macht er das? Was kann ich machen? Auf einmal war es sonnenklar. „Er will, dass ich mich bewege", sagte ich, „dass ich weggehe."

Das war für mich ein Schlüsselerlebnis. Diese Übung, dieses Bild brachte meine Gedanken, mein Bauchgefühl nach 12 Jahren Leben im Pfarrhaus auf den Punkt. Gab ihm eine Gestalt. Ja, genau so war es: Ich musste mich bewegen, musste etwas ändern, das Dorf verlassen.

Das belastende Symptom von außen betrachten. Es ist nicht mein Feind, sondern mein Verbündeter. Mein Körper will mir dadurch etwas sagen. Was? – Ich finde diese Übung sehr hilfreich und nutze sie inzwischen häufig.

Wir sind dann einige Zeit später tatsächlich weggezogen in die nächste Kleinstadt. Ich habe mich fünf Jahre beurlauben lassen und dann eine neue Pfarrstelle in einem Vorort übernommen, in der ich nicht im Pfarrhaus wohnen musste. Die Urtikaria ist seit dem Tag des Umzugs komplett verschwunden. Es ist manchmal faszinierend, was die Psyche für eine Macht hat.

Für mich machte es einen Riesenunterschied, dass wir nun nicht mehr im Pfarrhaus lebten. Es war so eine Erleichterung. Ich arbeitete kein bisschen weniger. Aber durch die räumliche Trennung zu meiner Gemeinde hatte ich ein klarer abgegrenztes Privatleben. Meine Nachbarn und Freunde in der Kleinstadt waren nicht gleichzeitig Mitarbeitende oder Gemeindeglieder. Ich war also nicht als Pastorin für sie „zuständig", sondern war und bin einfach eine Freundin, die von Beruf Pastorin ist. Und zugleich waren die Kontakte in der neuen Gemeinde besser definiert. Wir verabredeten uns beim Kirchkaffee, per Telefon oder WhatsApp. Niemand kam unangemeldet einfach in unseren Garten oder ins Haus marschiert. Und wenn ich sonntagsnachmittags im Garten saß und ein Buch las, hatte ich nicht das Gefühl: Frau XY sieht mich über den Gartenzaun und denkt, eigentlich könnte sie doch statt sich zu sonnen und zu lesen auch mal unsere Oma besuchen.

Ich war immer mit großer Begeisterung Pastorin. Trotz der halben Pfarrstelle, die ich die meiste Zeit hatte, beschäftigte mich dieser Beruf oft Tag und Nacht. Denn tatsächlich hat ja die Arbeit eigentlich nie ein Ende, es gäbe immer noch was zu tun. Wollte mir vielleicht deshalb mein Körper durch die Urtikaria zeigen, dass ich meine Grenzen schützen muss?

„Der Einzige, der sich mit unseren Grenzen auskennt, ist unser Körper", sagt Rolf Sellin sehr treffend.[12] Doch oft hören wir ihm nicht zu. Unser Kopf redet dazwischen und meint es besser zu wissen. So war es auch bei mir. Als die Urtikaria begann, plante mein Mann gerade seine eigene Arztpraxis aufzumachen. Alles war für ihn im Umbruch, vieles musste durchdacht und organisiert werden. Es wäre vom Verstand her einfach unklug gewesen, mich in dieser Situation beurlauben zu lassen. Und so wurde mein Körper mit Medikamenten zum Schweigen gebracht. Bis wir aus dem Pfarrhaus ausgezogen sind und der Körper seinen Aufstand lassen konnte.

Damit will ich natürlich nicht sagen, dass das Leben im Pfarrhaus generell krank macht. Viele Kolleginnen und Kollegen kommen damit super klar. Das Bedürfnis, wie eng oder weit Grenzen sein sollten, ist individuell sehr verschieden.

Unser Körper kann uns dafür gute Hinweise geben, ob es passt, und wenn die Grenzen dauerhaft zu weich sind, wehrt er sich. Was mich be-

trifft, drückt unsere Sprache es sehr treffend aus: Ich fühlte mich nicht
wohl in meiner Haut.

Die Haut als Schutzschild

Die Haut ist tatsächlich eine Grenze. Und zwar zwischen meinem Ich
und der Umwelt. Hautkrankheiten wie Schuppenflechte (Psoriasis) und
Nesselsucht (Urtikaria) können auch etwas damit zu tun haben, wie wir
unsere Grenzen organisieren: Sorgen wir dafür, dass Nähe und Abstand
gut geregelt sind, haben wir ein gutes seelisches Gleichgewicht. Bei einer
Schieflage jedoch kann es sein, dass sich die Seele über den Körper aus-
drückt. Der Körper stellt dann Symptome zur Verfügung, um darauf hin-
zuweisen.

Die Haut ist wie ein Schutzschild. Sie ist eins unserer Alarmsysteme:
Komm mir nicht zu nah. Fass mich nicht an. Sie drückt Gefühle aus: In
bestimmten Situationen bekomme ich eine Gänsehaut.
Oder mir bricht der Schweiß aus.

**Die kranke Haut
signalisiert: „Halte
Abstand."**

Viele ansteckende Krankheiten gehen mit Hautverän-
derungen einher: Lepra (Aussatz), Windpocken, Masern.
Die kranke Haut signalisiert: „Halte Abstand. Berühr
mich nicht." Und das funktioniert auch, denn Gesunde halten sich von
Hautkranken eher fern aus Vorsicht oder Angst, sich anzustecken.

Hautausschläge können in Situationen auftreten, wenn eine Entscheidung ansteht. Betroffenen fällt es schwer, sich von Gewohnheiten zu
trennen, die ihnen nicht mehr guttun. Zum Beispiel der überfällige Aus-
zug aus dem Elternhaus. Oder Veränderung im Beruf, wenn ich leide und
mich ärgere. Die Nesselsucht (Urtikaria) wird oben wie ein böser kleiner
Zwerg beschrieben, der um einen herumhüpft und einen wütend macht.
In der Tat kann unterdrückte Wut, die keinen Ausweg findet, eine Ursache sein für diese Hautkrankheit, meint Uwe Gieler, früherer Leiter der

Universitäts-Hautklinik in Gießen.[13] Es lohne sich hier zu fragen, welche Ereignisse oder Umstände sie ausgelöst haben könnten. Häufig seien es Situationen, in denen Menschen keinen Ausweg sähen.[14] Oft handele es sich um „genaue", ehrgeizige Menschen, die ihre Arbeit gewissenhaft machen wollten. Aber unterdrückte Wut, Frust, Ärger blockiere sie. Man müsse diese Gefühle zulassen und dann nach Lösungen suchen. Im obigen Beispiel war die Veränderung von Arbeit und Wohnsituation fällig.

Ein Wunderwerk ist sie, unsere Haut! Sie entwickelt sich beim Embryo aus dem sogenannten oberen Keimblatt. Auch das zentrale Nervensystem entsteht daraus. **Seele und Haut hängen eng zusammen.** Keine Überraschung also, dass die Haut in besonderer Weise mit unserem Nervensystem verbunden ist. Seele und Haut hängen eng zusammen. Bekannt und verbreitet ist die Neurodermitis, eine juckende Hauterkrankung mit Ausschlag. Sie tritt häufig schon bei Kindern auf. Der Juckreiz ist oft unerträglich. Die meisten dieser Patienten beobachten, dass ihr Hautausschlag schlimmer wird, wenn sie unter Stress stehen. Was will ihnen die Haut sagen? Wie kann sie entspannen?

Einige Psychologen sehen Neurodermitis-Schübe als Ausdruck von Ablösungsproblemen.[15] Wovon oder von wem sollte ich mich trennen? Was müsste ich verändern? Auch die Schuppenflechte (Psoriasis) kann stressabhängig sein und wird schlimmer, wenn die Betroffenen sich in ihrer Haut nicht wohlfühlen. Oder wenn sie sich abgrenzen müssten, es aber nicht schaffen. Dann könnte der Schuppenpanzer der Psoriasis dabei helfen, sich jemanden vom Leib zu halten.

Peter hat eine eigenartig verlaufende Hautkrankheit. Wenn er an seinem Auto montiert und mit seinem Schraubenschlüssel kräftig die Schrauben anzieht, bekommt er Urtikaria. Das passiert auch, wenn er lange steht oder wandert, also Druck auf die Fußsohlen ausübt. Schon vor Jahren war das so und ging immer wieder spontan weg. Vor Kurzem kommt er in meine Sprechstunde und berichtet, dass diese Urtikaria nun immer häufiger auftritt und länger anhält. Sie ist dann überall auf dem Körper und juckt schrecklich. Ich schicke ihn in die Uniklinik zu einer Behandlung mit neuen starken Mitteln. Es wird dennoch immer schlimmer. Er kann nicht mehr zur Arbeit, denn dort muss er mit seinen Händen montieren. Das geht gar nicht mehr.

Ich frage ihn: Was übt so starken Druck auf ihn aus, dass diese Krankheit immer schlimmer wird? Peter erzählt eine tragische Familiengeschichte: Mit den eigenen Händen hat er vor Jahren ein Doppelhaus gebaut. Das ging offenbar ohne starke Urtikaria-Schübe. Das Haus sollte für seine Familie und die Schwiegereltern sein. Doch als es fertig war, trennte sich seine Frau von ihm. Er war verzweifelt. Er liebte seine Frau. Wollte sich nicht trennen. Zur selben Zeit bekam der zehnjährige Sohn plötzlich Krampfanfälle. Epilepsie. Die verordneten Medikamente nahm er unregelmäßig und krampfte immer wieder. Der Junge pendelte zwischen Mutter und Vater hin und her. Zwischen den Eltern gab es schlimme Auseinandersetzungen. Vorwürfe. Beleidigungen. Oft musste Peter seinen Sohn notfallmäßig in die Klinik bringen. Aufgrund der Trennung konnte das Haus nicht mehr finanziert werden. Es musste verkauft werden. Das fiel Peter sehr schwer. Er hing so sehr daran. Inzwischen ist auch noch sein Job gefährdet, weil er schon so lange arbeitsunfähig ist. Ob die Haut ihm signalisiert: „Du musst etwas tun, um den Druck rauszunehmen"? Wo müsste Peter sich abgrenzen, schützen, achtsamer mit sich umgehen? Ich empfehle ihm, sein Hautproblem nicht nur medikamentös zu behandeln, sondern diesen Fragen in einer Psychotherapie nachzugehen.

Ein großes Grenzorgan

Die Haut ist eins der größten Grenzorgane des Menschen. *„Sie dient zur körperlichen Kontaktaufnahme, grenzt aber auch einen Menschen von der Umwelt ab. Innerhalb der Haut – das bin ich, außerhalb meiner Haut – ist meine Umwelt."*[16]

Die Haut ist eng dem Nervensystem verbunden und auch mit unseren Gefühlen. Wie gut tut es, liebevoll berührt zu werden, wie beruhigend ist es in Situationen von Stress und Angst. Und wie schockierend ist es, übergriffig angefasst zu werden.

Die Haut ist zudem eines unserer wichtigsten erotischen Organe. Liebe geht zwar auch durch den Magen, aber besonders intensiv spüre ich sie über die Haut. Streicheln stimuliert die Wohlfühlhormone. Bis zu 100 Tastsensoren pro Quadratzentimeter erfassen das und leiten es an die emotionalen Zentren im Gehirn weiter. Wenn ich als Jugendlicher Hals über Kopf verliebt war, wünschte ich mir nichts mehr, als die Hand meiner Freundin zu fassen und ihre Haut zu spüren. Die vielen Cremes und Lotionen in der Wellnessbranche wirken vor allem auch deshalb, weil es so wohltuend ist, sie auf der Haut zu verstreichen.

Jesus berührte die Kranken, und sie wurden heil: *„Da streckte Jesus die Hand aus und berührte ihn. ‚Ich will es‘, sagte er, ‚sei rein!‘ Im selben Augenblick verschwand der Aussatz.“*[17] Auch als einmal Schrecken und Angst seine Jünger durchfuhren, rührte er sie an und sagte: *„Steht auf! Ihr braucht euch nicht zu fürchten.“*[18] Das hat sie beruhigt.

Berührung zum falschen Zeitpunkt jedoch ist eine schlimme Grenzüberschreitung. Sie löst heftige Abwehr aus.

Ehekrisen äußern sich oft darin, dass ein Partner sich nicht mehr anfassen lassen kann. In den Arm nehmen geht plötzlich nicht mehr. Sexualität bleibt auf der Strecke. Noch bevor die Probleme auf den Tisch kommen, treten diese Gefühle auf. Paare tun gut daran, sie als Warnsignal ernst zu nehmen und etwas zu unternehmen.

Die Haut, dieses große Grenzorgan, signalisiert uns sehr sensibel, wo wir Nähe zulassen können und wo eher nicht.

Die Haut signalisiert uns sehr sensibel, wo wir Nähe zulassen können und wo eher nicht.

350 Überstunden und kein Ende

Anna ist fix und fertig. Die 42-jährige Krankenschwester arbeitet bei einem ambulanten Pflegedienst. Wegen ihrer beiden Kinder hat sie eine 20-Stunden-Stelle. „Aber bei 20 Stunden bleibt es nie", sagt sie. „Ich habe in diesem Jahr schon 350 Überstunden angesammelt. Jedes zweite Wochenende habe ich Dienst. Seit vier Jahren muss ich Weihnachten und an Ostern arbeiten. Ich möchte auch mal entspannt Zeit mit meiner Familie verbringen. An den Wochenenden was unternehmen. Die haben frei, und ich muss dauernd arbeiten. Meine Kinder sehen mich ja kaum noch, und wenn, dann bin ich abgehetzt." Anna hat bereits mehrfach mit ihrer Chefin gesprochen. Die versteht das auch und verspricht jedes Mal Besserung. „Aber es funktioniert nicht. Bei uns auf der Arbeit ist quasi ständig Notstand. Wir sind sowieso schon knapp besetzt, und dann fallen Kolleginnen aus wegen Krankheit. Ständig werde ich angerufen oder bekomme eine WhatsApp, ob ich einspringen kann." Anna ist seit einiger Zeit zunehmend reizbar. „Ich bin nur noch ein Nervenbündel. Das kriegen dann mein Mann und meine Kinder ab. Ich schlafe auch sehr schlecht. Schrecke immer wieder auf und denke, gleich musst du los. – Verstehen Sie mich nicht falsch", sagt sie, „ich liebe meinen Beruf. Mir macht es Freude, mich um kranke und alte Leute zu kümmern, sie zu betüddeln. Aber dafür bleibt gar keine Zeit. Wir müssen immer höchst effektiv arbeiten, die Minuten abstoppen. Wir müssen ein hohes Pensum an Patienten schaffen und sind immer in Hetze."

Anna und ich wägen gemeinsam ab: Was wäre eine Lösung für sie? Sie hat bereits mehrfach mit der Chefin gesprochen, um eine Änderung herbeizuführen. Aber wie es sich anhört, handelt es sich um ein strukturelles Problem. Das liegt im System und kann durch Anna alleine nicht geändert werden. Sie kommt schließlich selbst darauf, dass sie die Arbeitsstelle wechseln muss.

Inzwischen arbeitet Anna bei einer Tagespflege für alte und demente Menschen. Sie ist wie ausgewechselt. „Die Arbeit macht mir ganz viel

Freude. Ich nehme meine Gitarre mit und singe mit den Leuten. Sie kennen noch so viele Volkslieder auswendig. Ich habe Zeit für Spiele, für Gespräche. Das ist so erfüllend. Dazu kommt: Ich habe nun regelmäßige Arbeitszeiten von Montag bis Freitag. Und jedes Wochenende frei. Wunderbar. Meine Schlafstörungen und meine Nervosität sind weg. Meine Kinder sagen: ‚Mama, du bist viel lockerer.‘"

80% – und gut

Oliver kommt in meine psychotherapeutische Sprechstunde und platzt gleich heraus: „Ich habe einen Burn-out. Schmerzen überall. Herzrasen. Hoher Blutdruck. Schwindel. Angst, ich kippe um und bin tot. Ich kann nicht mehr schlafen. Komme nicht zur Ruhe. Ich mache mir größte Sorgen, dass ich meine Arbeit nicht mehr schaffe. Im vergangenen Urlaub in den Bergen bekam ich plötzlich so heftige Herzbeschwerden mit Druck auf der Brust, dass meine Frau den Notarzt rief und ich ins Krankenhaus eingewiesen wurde. Dort wurde alles untersucht. Aber eine organische Ursache, zum Beispiel einen Herzinfarkt, konnten die nicht feststellen. Sie sprachen von einer Panikattacke. Fragten, ob ich Stress hätte, zu viel arbeiten würde."

In der Tat, Stress hatte Oliver zur Genüge. Er war Geschäftsführer in einer Firma und verantwortlich für 150 Angestellte. „Ich habe Tag und Nacht gearbeitet und doch immer das Gefühl gehabt, ich komme nicht hinterher." Verletzungen und Vertrauensbruch von Seiten der Betriebsführung kamen hinzu. Doch Oliver kam nicht darauf, Grenzen zu ziehen. Seine Lösung war immer noch: „Mehr desselben". Noch längere Arbeitszeiten, dazu Erreichbarkeit rund um die Uhr – bis der Körper streikte.

Nach einer erneuten Einweisung durch den Notarzt wurde er krankgeschrieben. Das erste Mal überhaupt. Eine psychosomatische Kur schloss sich an. Das half ihm, Abstand zu seinem Alltag zu bekommen und neue Strategien des Ausgleichs zu finden. In der Kur wurde viel von

„Achtsamkeit" gesprochen. Dazu gehört es, Grenzen zu ziehen und zu fragen, was mir guttut.

Oliver wird klar: So wie bisher geht es nicht weiter. Ich muss etwas ändern. Aber wie kann er sich entlasten? Er entschließt sich, zu kündigen und nach einer neuen Arbeit Ausschau zu halten, bei der er weniger Verantwortung und mehr Zeit für sich und seine Familie haben würde. Diese Arbeit findet er auch bald.

In weiteren Therapiestunden sprechen wir darüber, was jetzt wichtig ist, damit er nicht wieder in die alte Verhaltensweise gerät. Wo muss er von Anfang an Grenzen setzen und diese auch verteidigen? Oliver will lernen, mehr zu delegieren. Es fällt ihm nicht leicht, anderen Verantwortung abzugeben und sie dann auch dort zu lassen. Das bedeutet für ihn, an seinen eigenen perfektionistischen Ansprüchen zu arbeiten. Sich und anderen Fehler zuzugestehen und barmherziger mit sich umzugehen. Er muss nicht immer 100 Prozent oder mehr schaffen. Das erfordert meist ungeheuren Einsatz. Aus Managerkursen kennt er das Pareto-Prinzip[19]: Mit 20 % Einsatz schafft man in der Regel 80 % der Arbeit. Man ist motiviert, schnell, kann zügig eins nach dem anderen erledigen. Erlebt eine hohe Selbstwirksamkeit und ist zufrieden. Für die restlichen 20 % der Arbeit dagegen benötigt man 80 % Energie. Man kommt nur mühsam in kleinen Schritten voran und braucht dafür viel Kraft.

> **Mit 20% Einsatz schafft man in der Regel 80% der Arbeit.**

Oliver beschließt, sich in Zukunft jede Woche einen Tag zu gönnen, an dem er sich mit 80 % des Erreichten zufriedengibt. Und zwar mit gutem Gewissen.

Seit einiger Zeit macht er mehrmals die Woche nach Feierabend eine Radtour. Draußen in der Natur hat er das Gefühl, frei durchatmen zu können. Ab 18 Uhr abends geht er nicht mehr an seine E-Mails. Seine Erreichbarkeit hat er auf neun Stunden reduziert. Im Urlaub war er früher immer erreichbar für seine Firma. Jetzt vereinbart er mit der neuen Firma feste Zeiten, an denen sie ihn im Notfall kontaktieren können. In der übrigen Zeit ist sein Diensthandy ausgeschaltet.

Nicht mit mir

Claudia ist Bürgermeisterin in einer Kleinstadt. Sie macht da einen guten Job, ist gut strukturiert und kompetent. Sie holt sich Fachleute ins Boot, wo sie sie braucht. An den Menschen und ihren Sorgen zeigt sie Interesse, sie bindet viele mit ein und entwickelt mit ihnen gemeinsam Ideen, um den Ort voranzubringen. Ihre Arbeit macht ihr Freude. Sie ist beliebt und geachtet. Aber natürlich gibt es auch Menschen, die sie anfeinden.

„Neulich", so erzählt sie, „kam ein Mann in mein Büro und schrie mich gleich an, total aggressiv. Da bin ich einfach aufgestanden und habe gesagt: ,Entweder Sie reden ab jetzt in einem höflichen Ton mit mir, oder ich verlasse dieses Zimmer.' Der Mann war vollkommen irritiert. Er wurde auf einmal ganz verlegen. Wir konnten dann ein kontroverses, aber doch sachliches Gespräch führen."

> „Entweder Sie reden ab jetzt in einem höflichen Ton mit mir, oder ich verlasse dieses Zimmer."

Was für eine professionelle und selbstbewusste Reaktion. Claudia hat sich nicht provozieren lassen, sondern sich sofort entschieden abgegrenzt: Nicht mit mir! Um diese Haltung zu vermitteln, reichen einfache Methoden.

Schon Aufstehen ist ein Signal: Stopp! Du machst mich nicht klein. Und dazu die entschlossene Ansage. Ein einziger Satz! Der aber klar und unmissverständlich: Du betrittst hier meinen Bereich. Und hier wird zu meinen Bedingungen gespielt. Die lauten: respektvoll und höflich. Ich lasse mich nicht anschreien und beschimpfen. Und ich lasse mich auch nicht auf einen Machtkampf mit dir ein. Falls du es darauf anlegst, werde ich das Schlachtfeld verlassen. – Sie schlägt nicht die Tür zu, sie lässt ihrem Gegenüber die Wahl. Der spürt genau, dass sie es ernst meint. Als hätte sie in einen aufgeblasenen Ballon gestochen, ist bei ihm auf einmal alle Luft raus. Der Weg wird frei zu einer sachlichen Diskussion.

Papa ante Portas

Ein einschneidender Übergang ist es, wenn eine Frau oder ein Mann in den Vorruhestand oder in Rente gehen. Einige kommen dann in eine Krise. Auch für Paare ist es eine große Umstellung, besonders wenn einer der beiden noch berufstätig ist. Unvergesslich ist mir ein Gespräch mit der Gastgeberin unserer Ferienwohnung in San Diego. Der Mann war bei der Navy gewesen. Nun war er 72 Jahre alt und arbeitete in einem Baumarkt. Sie sagte uns: „I am so glad that he has found this job. He was getting on my nerves." Ich bin so glücklich, dass er diesen Job gefunden hat. Er ging mir schon auf die Nerven.

Herrlich amüsant wird diese Situation karikiert in dem Film von Loriot, „Papa ante Portas": Heinrich Lohse, Einkaufsdirektor bei der „Deutschen Röhren AG", wird im Alter von 59 Jahren plötzlich in den Vorruhestand versetzt. Auf einmal steht das gewohnte Leben seiner Frau Renate auf dem Kopf. Sie kann nicht in Ruhe mit einer Freundin telefonieren – Heinrich steht in der Wohnzimmertür und hört zu. Gemütlich shoppen – unmöglich, Heinrich will mit und kann es nicht fassen, wie sie anderthalb Stunden in einem Geschäft für Dessous stöbern kann. Er tut sich durch peinliche Bemerkungen hervor: „Du könntest auch mal schwarze Unterwäsche tragen." Als ehemaliger Einkaufsdirektor fühlt er sich nun auch für die Haushaltseinkäufe zuständig. Voller Elan handelt er den Preis für Senf herunter und kauft gleich 150 Gläser im Sonderangebot. Schließt Verträge ab über die regelmäßige Lieferung von Wurzelbürsten und Badezusatz. Die Nachbarinnen machen dem attraktiven Frührentner schöne Augen. Renate ist sauer. Um sie aufzuheitern, lässt Heinrich sich von einem Freund aus der Werbebranche zu einer Überraschung überreden: Ein Teil der beliebten Fernsehserie „Die

Schnakenburgs" wird im Haus der Lohses gedreht. Eines Tages kommt Renate nach Hause und findet ein vom Filmteam vollständig umgeräumtes und in Beschlag genommenes Haus vor. Ein riesiger Ehekrach ist die Folge.

Schließlich fahren die beiden mit ihrem 16-jährigen Sohn zum 80. Geburtstag von Renates Mutter. Bei diesem Fest gerät sich die ganze Verwandtschaft in die Haare. Heinrich und Renate kommen sich dadurch wieder näher. Sie beschließen, in Zukunft gemeinsam etwas Sinnvolles zu unternehmen. In der Schlussszene sieht man ihren Sohn und ihre Haushälterin auf Stühlen nebeneinandersitzen, mit gequälten Gesichtern. Ehepaar Lohse gibt ihnen ein Blockflötenkonzert, grauenvoll schief, aber einträchtig.

In den meisten Berufen geht man zwischen 63 und 67 Jahren in den Ruhestand. Selbstständige arbeiten oft länger, und manchmal ist es schwer, zur geliebten und verantwortungsvollen Arbeit eine Grenze zu ziehen. Als junge Pastorin bekam ich oft Besuch von einem pensionierten Kollegen. Er war in der alten Gemeinde wohnen geblieben und beklagte sich bei mir pausenlos über seinen Nachfolger. Der besuche die alten Leute nicht, achte keine Traditionen, mache stattdessen nur so modernen Halligalli. Der junge Nachfolger schien keinen leichten Stand zu haben, denn von 17 Trauungen im Jahr hielt der Vorgänger elf. Klar, wenn man 20 Jahre in einem Dorf war, hat man einen riesigen Vorsprung, was Beziehungen angeht. Viele sagen dann: „Sie kennen uns schon so lange, haben uns konfirmiert, wir würden so gerne von Ihnen getraut werden." Der pensionierte Pastor war stolz darauf, dass er so gefragt war. Aber: Er tat mir auch leid. Denn er litt auch unter dem, was der Nachfolger alles anders machte, regte sich manchmal schrecklich darüber auf und versauerte sich so seinen Ruhestand. Mit 70 Jahren starb er.

Grenzen setzen im Ruhestand und sich neue Ziele stecken, neue Projekte auftun: Gerade bei Berufen, in die man viel Herzblut gesteckt hat, ist das

Grenzen setzen im Ruhestand und sich neue Ziele stecken, neue Projekte auftun.

wichtig. Zum Schutz der Nachfolgenden, aber auch zum eigenen Schutz. Eine räumliche Trennung kann dabei hilfreich sein. Das ist schwer, und es tut oft weh.

Ein Bürgermeister hatte jahrelang die Geschicke seines Ortes geleitet. Dann wurde ein anderer gewählt. Es fiel ihm schwer, sich damit abzufinden, wie die Dinge nun in der Kleinstadt liefen. Freunde empfahlen ihm, in die nächstgrößere Stadt zu ziehen. Aber das wollte er nicht. „Ich will doch nicht den sozialen Tod sterben", sagte er. Nachbarn, Freunde, Parteigenossen hinter sich lassen, an Bedeutung verlieren? Sich alles noch mal neu aufbauen mit Ende 60? Man will ja schließlich nicht nur ausschlafen und spazieren gehen oder alte Dias sortieren. Die neue Lebensphase braucht neue Aufgaben, einen neuen Sinn.

Wie kann der Übergang gelingen, und wo sind Grenzen zum Vorherigen notwendig?

Eine Gewissensfrage, die ein Mann an den NDR stellte, hatte dieses Thema:
Seit 20 Jahren leite ich eine Non-Profit-Organisation. Deren Träger ist ein Verein. Nächstes Jahr gehe ich in Rente. Zur gleichen Zeit will der Vorsitzende des Vereinsvorstands aufhören. Nun bittet man mich, nach meiner Pensionierung dessen Amt zu übernehmen. Ich fühle mich geehrt, bezweifle aber, ob das gut wäre. Was raten Sie mir?

Ich habe ihm so geantwortet:
Wenn ich das richtig verstehe, wären Sie dann also Chef ihres Nachfolgers. Denn der Vorstand entscheidet ja über den Kurs des Unternehmens und stellt die Weichen für die weitere Entwicklung. Dafür braucht man Weitblick und Erfahrung, und es reißt tatsächlich ein großes Loch, wenn zwei versierte Leiter gleichzeitig ausscheiden. Man versucht einen zu halten, nämlich Sie, denn so einen Elder Statesman mit im Boot zu haben, gibt Sicherheit.

Aber Ihre Zweifel sind berechtigt, finde ich. Für Ihren Nachfolger wird es schwer, wenn Sie ihm nun als Vorstandsvorsitzender auf die Finger sehen. Klar, Sie könnten ihn gut beraten – aber wird er das wollen? Er muss ja seine eigenen Erfahrungen machen, neue Ideen und Power einbringen, ohne zu schnell ausgebremst zu werden.

Ich frage mich auch, ob es Ihnen selber guttut, wenn Sie diesen Job übernehmen. Könnten Sie wirklich in großer Gelassenheit und Toleranz Entscheidungen respektieren, die Ihnen nicht gefallen? Fehler zulassen? Sie müssten es aus nächster Nähe aushalten, dass Ihr Nachfolger manches ganz anders, einiges vielleicht schlechter, anderes womöglich aber besser macht als Sie.

Jesus empfiehlt: Nicht die Hand an den Pflug legen und zurückblicken, sondern nach vorne sehen und neue Herausforderungen angehen. Ein weiser seelsorgerlicher Rat, finde ich. Sich klar trennen und loslassen.

Wie wäre es, wenn Sie dem Vorstand sagen: Den Vorsitz werde ich nicht übernehmen. Aber ich gebe euch meine Kontaktdaten. Wenn ihr mich braucht, stehe ich euch gerne mit Rat und Tat zur Seite. Ob die Vorstandsmitglieder oder Ihr künftiger Nachfolger das in Anspruch nehmen, das können Sie dann vollkommen frei selbst entscheiden.

Erziehung braucht Grenzen

Bis hierher und nicht weiter

Die vierjährige Mareike nimmt an der Kinderbibelwoche ihrer Kirchengemeinde teil. Ihre Mutter bleibt den ganzen Vormittag dabei. Sie meint, Mareike würde alleine nicht klarkommen. An verschiedenen Stationen können die Kinder spielen, malen oder etwas bauen. An einem Tisch ist mit großen Holzklötzen die Stadt Ninive aufgebaut. Die Kinder dürfen die Häuser mit bunten Farben anmalen. Damit sie nicht gleichzeitig ihre T-Shirts und Hosen mit Farbe einschmieren, bekommt jedes Kind einen unbenutzten Plastik-Altkleidersack, in den Löcher für Kopf und Arme geschnitten sind. Die ziehen die Kinder über den Kopf und können nun nach Herzenslust klecksen, ohne dass ihre Klamotten Farbe abbekommen. Eine Mitarbeiterin geht in der Gruppe herum und bewundert die Arbeit der Kinder. Mareike sitzt da ohne Plastiksack. Ihr T-Shirt ist voller Farbe. Die Mutter sieht die Mitarbeiterin vorwurfsvoll an und sagt: „Die Farbe geht bestimmt nicht in der Wäsche raus. Jetzt ist das gute T-Shirt hin." Die Mitarbeiterin sagt: „Wir haben doch extra diese Säcke zum Schutz, warum hat sie denn keinen benutzt?"– „Das will sie nicht", erwidert die Mutter, „da kann ich nichts machen. Ist ja auch eine blöde Idee mit diesen Säcken."

Mareikes Mutter möchte alles richtig machen. Sie will ihre Tochter beschützen. Damit vermittelt sie ihr jedoch zugleich: Ich traue dir nicht zu, dass du alleine in einer Gruppe von Gleichaltrigen klarkommst. Es fällt ihr schwer, der Vierjährigen mehr Verantwortung zuzugestehen. Gleichzeitig schützt die Mutter ihre eigenen Grenzen nicht. Sie scheint zu denken: Wenn ich mein Kind liebe, muss ich ununterbrochen für es da sein und auf es aufpassen. Damit überfordert sie sich, und sie unterfordert ihre Tochter. Die Liebe einer Mutter

> Die Liebe einer Mutter braucht Grenzen. Sonst ist es keine Liebe, sondern Abhängigkeit.

braucht Grenzen, auch bei einem Kind im Alter von vier Jahren schon. Sonst ist es keine Liebe, sondern Abhängigkeit. Das spüren Kinder genau.

Diese Abhängigkeit wird im weiteren Verhalten deutlich. Auch da steht Mareikes Mutter nicht zu ihren Grenzen. Dann würde sie zum Beispiel sagen: „Ich möchte nicht, dass dein T-Shirt mit Farbe bekleckert wird. Wenn du keinen Sack überziehst, kannst du nicht malen. Dann suchen wir eine andere Station, an der du spielen oder etwas basteln kannst." Diese logische Folge setzt die Mutter nicht um. Sie traut sich nicht zu sagen: „Ich will das nicht." Klar müsste sie dann aushalten, dass ihre Tochter vielleicht erst mal wütend wird oder weint. Das ist eine normale Reaktion, wenn man nicht bekommt, was man sich wünscht. Das Kind darf trauern, dass es nicht so läuft, wie es will. Diesen Prozess muss man gar nicht abkürzen. Nach einiger Zeit geht die Trauer vorbei. Mareike wird sich wieder beruhigen.

Die Mutter von Mareike jedoch sitzt hilflos neben ihrer Tochter und ärgert sich. Das Kind spürt die schlechte Stimmung. Es bekommt seinen Willen, aber es ist damit nicht glücklich. Und die Mutter leitet ihren Ärger um auf die Mitarbeiterinnen der Kinderbibelwoche („Ist ja auch eine blöde Idee mit diesen Säcken!"). Oft bekommen Erzieherinnen und Lehrerinnen Ärger ab, der eigentlich nicht ihnen gilt, sondern der elterlichen Unsicherheit.

„Wer im Zentrum steht, ist kein Teil der Gemeinschaft"[20], sagt der dänische Familientherapeut Jesper Juul. In der Familie nicht und auch in der Gruppe nicht. Wenn man Kindern alles gewährt, ist das zwar perfekter Service, aber keine Liebe. Als Prinzessin wirst du hofiert, gehörst aber nicht richtig dazu.

Worauf Kinder Lust haben, ist oft nicht das, was sie wirklich brauchen.

Darum: Worauf Kinder Lust haben, ist oft nicht das, was sie wirklich brauchen. Jesper Juul ist überzeugt: *„Je weiter die Eltern ihre eigenen Bedürfnisse in den Hinter-*

grund stellen, desto weniger persönlich erscheinen sie und somit auch weniger nahe ... Wenn die Kinder alles bekommen, wozu sie Lust haben, bekommen sie mit großer Sicherheit das Wichtigste nicht, das sie brauchen: den nahen Kontakt mit verantwortungsbewussten Erwachsenen. ... Kinder werden einsam und unglücklich, wenn die Eltern sich davon lenken lassen, worauf ihre Kinder Lust haben.[21]

Das Baby kriegt alles mit

Hirnforschung und frühkindliche Entwicklung

In den 60er- und 70er-Jahren des letzten Jahrhunderts war die antiautoritäre Erziehung angesagt. Ein radikaler Gegenentwurf zur konservativen autoritären Pädagogik nach dem Motto: „Solange du deine Füße unter meinen Tisch steckst, hast du zu gehorchen." Viele junge Eltern hatten diese Paradigmen satt, wollten keine rigiden Vorschriften und Verbote mehr. Sie sehnten sich nach Freiheit. Alexander Neills Buch „Theorie und Praxis der antiautoritären Erziehung"[22] traf daher den Nagel auf den Kopf, sprach vielen aus der Seele. Das Buch wurde ein Bestseller, mit einer Gesamtauflage von über einer Million. Kinder sollten sich so frei wie möglich entfalten können, ohne gemaßregelt zu werden. Sie sollten selbst bestimmen, was sie tun und lassen wollten. Man respektierte den kleinen Menschen als eigenständige Persönlichkeit und traute ihm zu, einen guten Weg für sich zu finden, ohne regulative Einwirkung von Erwachsenen. Grenzen und Regeln zu setzen galt als pädagogischer Kardinalfehler.

Dieses Erziehungsmodell ist inzwischen vollkommen out. Die praktische Umsetzung etwa an den Summerhill-Schulen hat sich nicht durchgesetzt.

Hilfreich für aktuelle Erziehungskonzepte ist die Hirnforschung. Wissenschaftler haben herausgefunden: Das Baby kommt mit einem Gehirn zur Welt, das über 100 Milliarden Nervenzellen besitzt. Jedes Gehirn wird dann individuell programmiert, und zwar in den Jahren der Kindheit. Da werden die Nervenzellen miteinander verschaltet. In diesen ersten Jahren seines Lebens lernt der kleine Mensch so viel wie später nie wieder. Soziale Kompetenz, Liebe, verantwortlich handeln, sich durchsetzen – alles das entsteht, indem sich im Vorderhirn Nervenzellen verschalten.

In den ersten Jahren seines Lebens lernt der kleine Mensch so viel wie später nie wieder.

Eigentlich kommen Babys ein Jahr zu früh auf die Welt. Das meint der Hirnforscher Joachim Bauer. *„Der menschliche Säugling, obwohl ein fühlendes, mit der Würde des Menschseins ausgestattetes Wesen, verfügt über kein Selbst."*[23] Manche Säugetiere wie Katzen, Hunde oder Pferde können gleich nach der Geburt herumlaufen und sich um Futter kümmern. Aber das Menschenbaby ist ohne Hilfe der Mutter bzw. des Vaters nicht lebensfähig. Um selbstständig zu werden, braucht es bestimmte neuronale Netzwerke im Gehirn. Aber die sind anfangs noch nicht ausgebildet. Die Hardware ist vorhanden. Aber die Programmierung beginnt erst mit der Geburt und erfolgt dann vorwiegend in den ersten 24 Monaten.

Das wichtigste Werkzeug dafür ist Resonanz. Mütter und Väter praktizieren Resonanz instinktiv in vielen Alltagssituationen. Etwa so: Das Baby schreit, weil es sich unwohl fühlt. Die Mutter reagiert und spiegelt ihm seine Gefühle. Sie sagt: „Oh, du hast bestimmt Hunger. So großen Hunger. Dein kleiner Bauch ist ganz leer. Gleich gibt es leckere Milch. Dann fühlst du dich wieder ganz wohl." Sie legt ihr Kind an die Brust und stillt es, im wörtlichen Sinn. – Oder: „Du hast deine Decke weggestrampelt und bist ganz kalt. Frieren ist blöd. Gut, dass du dich bemerkbar gemacht hast. Ich decke dich wieder zu. So, jetzt ist es mollig warm." Die Mutter reagiert instinktiv auf die Mimik, die Bewegungen und die Stimme des Babys. Sie spiegelt ihm die Gefühle, die sie bei ihm vermutet. Sie sieht es an, sie redet beruhigend mit ihm, sie streichelt es. Sie vermittelt ihm: Ich bin für dich da. Dadurch erfährt das Kind etwas über sich selber, über sein Ich. Das ist Resonanz. Das kindliche Selbst kann sich ausbilden.

Was passiert dabei neurobiologisch? Die Nervenverschaltungen im Stirnhirn beginnen sich auszubilden. Gefühle, die die Mutter oder der Vater dem Säugling spiegeln, werden dort verankert. Sie können später wieder abgerufen werden und von dem heranwachsenden Kind mehr und mehr bewusst zugeordnet werden. *„Was Säuglinge präverbal erleben, wird im neuronalen Körpergedächtnis abgespeichert."*24 Das betrifft zum Beispiel den Mandelkern, ein bestimmter Gehirnbereich, der wie der Kern einer Mandel aussieht. Im Mandelkern bildet sich die Angst aus.

> Gefühle, die die Mutter oder der Vater dem Säugling spiegeln, werden in seinem Gehirn verankert.

Oder nehmen wir das Belohnungszentrum: Dort werden Wohlfühlhormone ausgeschüttet. Es reagiert, wenn sich eine Sache gut anfühlt. Wenn die Beziehungen warmherzig und zugewandt sind, wird im Gehirn gespeichert: Ich bin willkommen und geborgen. Wird das Kind jedoch emotional vernachlässigt, wird das Gefühl gespeichert, abgelehnt zu werden. *„Wie immer die Auskunft der an das Kind adressierten Resonanzen lautet – sie wird zu einem Teil des Selbst."*25

Etwa ab dem dritten Lebensjahr kann das Kind eigene Gefühle wahrnehmen und sich damit von der Mutter abgrenzen. Vorher ist das neurobiologisch nicht möglich.

Was Kinder in den ersten zwei Lebensjahren brauchen, unterscheidet sich deshalb fundamental von dem, was sie ab dem dritten Lebensjahr benötigen. Joachim Bauer plädiert dafür, Kinder in den ersten 24 Monaten, in dieser frühen und entscheidenden Phase der Ich-Entwicklung, von ein oder zwei festen Bezugspersonen betreuen zu lassen. So entsteht eine verlässliche Bindung. *„Nur verlässlich gebundene Kinder, die in ihren*

Eltern, Betreuerinnen und Betreuern einen sicheren Hafen haben, wagen sich von diesem ein Stück weit weg hinaus aufs Meer und entdecken ihre Umgebung. Unsicher gebundene Kinder sind ängstlich, verhalten sich klammernd und tun sich mit zeitweisen Trennungen besonders schwer.[26] Durch eine tragfähige Bindung wird das Kind zu einem sozialen Wesen ausgebildet. Es wird selbstständig, lernt mit anderen zu kooperieren und Beziehungen einzugehen.

Zu sagen: „Das Kind versteht das noch nicht", ist nach Erkenntnissen der Hirnforschung also barer Unsinn. Das frühkindliche Gehirn kriegt alles mit. Sein späteres Bild von der Welt baut sich aus dem zusammen, was es als kleiner Mensch erlebt.

Im Alter von zwei bis sechs Jahren lernen Kinder, dass sie sich von anderen unterscheiden. Sie lernen, dass sie etwas anderes wollen können als ihre Eltern. Die Trotzphase bahnt sich an. Kinder in dieser Phase zu erziehen ist anstrengend.

Im Alter von zwei bis sechs Jahren lernen Kinder, dass sie sich von anderen unterscheiden.

Neurobiologisch werden jetzt Netzwerke im Großhirn ausgebildet, mit denen das Kind zwischen Ich und Du unterscheiden kann.

Eine amerikanische Langzeitstudie hat herausgefunden: Gefühle für Werte, für Gut und Böse, entwickeln sich sehr früh und sind erstaunlich stabil. Sie entstehen, wenn sich Nerven im Gehirn entsprechend verschalten. Eltern kommt eine entscheidende Rolle dabei zu, das in gute Bahnen zu leiten.

Dafür müssen Kinder sich ausprobieren. Sie brauchen jetzt Regeln und Grenzen, um vor Gefahren geschützt zu sein und den Nächsten zu respektieren. Joachim Bauer sagt: *„Da Kinder zwischen zwei und vier Jahren ihre neuen Spielräume austesten wollen, in diesem Alter aber viele Gefahren noch nicht erkennen und ihre Möglichkeiten überschätzen, müssen ihnen Grenzen gesetzt werden. Dies zu tun, aber maßvoll, empathisch und ohne die lustvolle Entdeckungsfreude des Kindes zu beinträchtigen, ist eine pädagogische Kunst.*[27]

Was spürt meine Schwester, wenn ich sie in den Arm kneife? Das tut weh. Es bringt sie zum Weinen. – Kinder müssen lernen, sich in die Lage des anderen hineinzuversetzen. Das ist für ein zweijähriges Kind ein totaler Perspektivwechsel. Bisher war es nur auf sich selbst gerichtet und betrachtete die Bezugsperson als Teil von sich. Jetzt muss es lernen, was sein Verhalten bei einem anderen Menschen auslöst. Es muss sich in dessen Lage versetzen. Dadurch bildet sich soziale Kompetenz in den oberen Etagen des Stirnhirns aus. So wird der kleine Mensch zunehmend lebenstüchtig.

Ich will das aber nicht!

Regeln und Rituale

Grenzen und Regeln helfen Kindern, sich sicher zu fühlen. Sie sind für das Kind wie die Wände für ein Haus, meint der Pädagoge und Psychologe Rudolf Dreikurs. Die Wände geben dem Haus Struktur und Halt. *„Kein Kind fühlt sich in einer Situation wohl, in der es nicht genau weiß, was zu erwarten ist."*[28] Das Gegenteil von Regeln ist nicht Freiheit, sondern Chaos.

> Grenzen und Regeln helfen Kindern, sich sicher zu fühlen.

Damit Kinder wissen, welches Verhalten von ihnen erwünscht wird, muss es konkret benannt werden. Familienregeln können dazu helfen. Kinder ab drei Jahren verstehen solche Regeln ganz gut.

Familienregeln sollten möglichst positiv formuliert werden. Zum Beispiel: „Wir sprechen mit ruhiger Stimme" statt „Wir schreien uns nicht an". Menschen überhören das Wort „Nicht" im Satz. Das Gehirn ignoriert Verneinungen. Wenn Sie sagen: „Denk jetzt nicht an rosa Mäuse!", dann wird der andere sofort ein Bild von rosa Mäusen vor Augen haben. Darum sollten Re-

> Regeln sollten positiv formuliert sein, damit im Kopf des Kindes ein Bild von dem entsteht, was es tun soll.

geln positiv formuliert sein, damit im Kopf des Kindes ein Bild von dem entsteht, was es tun soll. „Wir gucken nach beiden Seiten, ehe wir über die Straße gehen" statt „Geh nicht, ohne zu gucken, über die Straße!".

Zu sinnvollen Familienregeln gehört es auch, Kindern einen geregelten Tagesablauf zu gewährleisten. Normalerweise wird er bestimmt von Schlafen, Essen, Kindergarten bzw. Schule und Spielen. Es gibt dem Kind Sicherheit, wenn diese Dinge täglich wiederkehren und durch Rituale strukturiert werden. Jedes Kind liebt es beispielsweise, wenn es ein Ritual für das Schlafengehen gibt. Etwa: eine Geschichte vorlesen, Singen, Beten.
Rituale helfen Eltern und Kindern, das Ins-Bett-Bringen zeitlich zu begrenzen. Der Vater oder die Mutter muss nicht neben dem Bett sitzen und warten, bis das Kind eingeschlafen ist. Das Kind kann lernen: Nach dem Singen oder Beten ist Schluss. Dann gehen Mama und Papa aus dem Zimmer und es gibt kein Programm mehr.

Regeln werden am ehesten beachtet, wenn sie gerecht und leicht zu befolgen sind, und wenn es Konsequenzen nach sich zieht, sie nicht zu beachten. Generell gilt: Lieber wenige Regeln einführen als viele Regeln, die nicht beachtet werden. Kinder sind in ihrer Aufnahme eingeschränkt. Zu viele Regeln verwirren sie.

Wenn das Kind die Anweisung nicht beachtet oder bewusst „Nein" dazu sagt, dann sollte es die Folgen seines Tuns erfahren. Kinder lernen aus den Folgen.[29] *„Wenn wir einem Kind erlauben, die Folgen seines Tuns zu erfahren, bieten wir eine ehrliche und wirkliche Lernsituation"*, meint Rudolf Dreikurs[30]. Logische Folgen sollten in einem für das Kind nachvollziehbaren Zusammenhang mit dem Problem stehen. Sie sind am effektivsten, wenn sie unmittelbar genutzt werden. Die Eltern sollten dem Kind mit verständlichen Worten die logische Konsequenz erklären und diese dann auch durchhalten.

Wir haben unsere Kinder, sobald sie die Schule besuchten, morgens nicht mehr geweckt. Sie hatten einen Wecker und mussten sich selbst darum kümmern, dass er rechtzeitig klingelte und sie aufstanden. Durch die Bücher von Rudolf Dreikurs hatten wir gelernt: Kinder müssen selbst die Verantwortung dafür übernehmen, dass sie pünktlich in die Schule kommen. Wir wohnten in einem kleinen Dorf, wo ich als Pastorin arbeitete. Ein Schulbus brachte die Kinder in die acht Kilometer entfernte Grundschule. Nils, unser Ältester, ging immer auf den letzten Drücker zum Schulbus. Es kam, wie es zu erwarten war: Eines Morgens verpasste er ihn. Nun, wenn ein Kind den Bus verpasst, ist die logische Folge, dass es zu spät kommt. Ich fuhr Nils also nicht mit dem Auto zur Schule, sondern ließ ihn den Linienbus nehmen, der glücklicherweise 20 Minuten später kam. An der Bushaltestelle standen mehrere ältere Damen. Sie wollten zum Arzt oder zum Einkaufen in die Stadt. Alle kannten meinen Sohn. „Na, Nils, du hast wohl verschlafen, oh-oh, jetzt kommst du zu spät zur Schule", sagten sie. Die ganze Busfahrt über musste er sich ermahnende Kommentare anhören. Das war ihm entsetzlich peinlich und schlimmer, als zu spät in die Klasse zu kommen. Nie mehr hat er seitdem den Schulbus verpasst.

Wenn ein Kind Regeln überschreitet, dann ist es gut, dies sofort anzusprechen. Kinder ab etwa drei Jahren verstehen das. Bei der Gelegenheit kann man mit dem Kind das erwünschte Verhalten auch üben. Zum Beispiel:

„Tim, du hast gerade die Glastür zum Wohnzimmer laut zugeknallt. Irgendwann geht sie davon kaputt. Das ist gefährlich, weil man sich dabei wehtun kann. Und eine neue Tür kostet viel Geld. Unsere Regel ist: Türen werden leise zugemacht. Also, mach die Tür jetzt noch mal zu. Wunderbar. Das war super."

Erziehung sollte nicht nur vermitteln, was man alles nicht darf und wogegen man sein muss. Sie sollte Werte

Erziehung sollte Werte anbieten und positive Inhalte, für die es sich lohnt, sich einzusetzen.

anbieten und positive Inhalte, für die es sich lohnt, sich mit ganzer Kraft einzusetzen. Übrigens braucht man, um gegen etwas zu sein, weitaus einfachere Nervenverschaltungen im Vorderhirn, als wenn man sich für eine gute Sache einsetzt!

Auf bemerkenswerte Art ist es Martin Luther gelungen, die Zehn Gebote mit positiven Bildern zu verknüpfen. Zu jedem Gebot schrieb er eine Erklärung, die das „Du sollst nicht" um eine konstruktive Deutung ergänzt. Zum Beispiel beim 8. Gebot: Du sollst nicht falsch Zeugnis reden wider deinen Nächsten. Luther ergänzt: *„Sondern ihn entschuldigen, Gutes von ihm reden und alles zum Besten kehren."* So entsteht im Kopf ein Bild von aktivem sozialem Verhalten.

Genial, wie der Reformator schon damals begriffen hat, was heute pädagogischer Standard ist: Man sollte den Kindern nicht nur sagen, was sie nicht dürfen, sondern was sie stattdessen tun sollen.

In der Pubertät müssen Jugendliche in besonderer Weise ermutigt und inspiriert werden. Vorbilder für sie sind nun oft nicht mehr Vater oder Mutter, sondern zum Beispiel Freundinnen, Idole, Trainer. Für mich (LP) war es meine Patentante. Eine temperamentvolle, warmherzige Frau mit einem ansteckenden Lachen. Sie war mit Hingabe Pfarrfrau, tiefgläubig und gleichzeitig voller verrückter Ideen. Wenn sie abends ihre beiden Kinder ins Bett brachte und irgendwo ertönte die Sirene der Feuerwehr oder der Polizei, dann betete sie mit den Kindern für die Menschen, die jetzt von diesem Unglück betroffen waren. Sie spielte leidenschaftlich gern Klavier und Orgel und kannte viele Opern- und Operettenmelodien auswendig. Die sang sie ständig, beim Autofahren, bei langen Wanderungen durch die Eifel, beim Kochen: „Ach ich hab sie ja nur auf die Schulter geküsst ..." – „Es grünt so grün, wenn Spaniens Blüten blühen ...". Ich bewunderte sie und wollte so werden wie sie.

Jugendliche brauchen Vorbilder und Leitlinien, an denen sie sich orientieren können. Joachim Bauer meint: *„Die Annahme, junge Menschen entfalten Autonomie, wenn wir ihnen keine Vorgaben machen, ist falsch."*[31]

Die Eltern sollten ihren pubertierenden Kindern ihre Werte vermitteln. Ein schlechtes Konzept ist die Einstellung: „Schaut einfach mal, was euch Spaß macht." Denn dann können die Jugendlichen keine sozialverträglichen Kompetenzen aufbauen. Kinder, die unter Laissez-faire-Bedingungen aufwachsen, entwickeln zudem ein schwaches Selbstbewusstsein. *„Kinder und Jugendliche brauchen Halt und freundlichen Widerstand."* [32] Sie brauchen die Gewissheit, dass es Grenzen gibt, die sie auch selber schützen.

Partnerschaft braucht Grenzen

Was macht eine gelungene Beziehung aus? „Dass wir uns lieben", sagen junge Brautpaare im Traugespräch. Aber meist wird schnell klar, dass noch mehr dazu gehört: Verantwortung übernehmen. Durchhalten auch in schwierigen Zeiten. Nicht bei den ersten Problemen gleich die Flinte ins Korn werfen. Miteinander vertraut werden. Es auch nach außen zu dokumentieren: Wir beide gehören zusammen. Bei vielen auch der Wunsch nach einer Familie, nach Kindern.

Die Bibel sagt relativ wenig über die Ehe. Männer und Frauen waren nach den jeweiligen Regeln ihrer Zeit verheiratet. Und das entsprach durchaus nicht unserem heutigen Ideal der romantischen Liebesehe. Dieses Ideal entstand in Europa erst während der Industrialisierung im 19. Jahrhundert. Auch die bürgerliche Kleinfamilie mit Mutter, Vater, Kindern finden wir in der Bibel selten. Schon der Glaubensvater Abraham am Anfang der Bibel hatte neben seiner Frau noch eine Beziehung zu seiner Sklavin und mit dieser ein Kind. Sein Enkel Jakob hatte vier Frauen und von diesen 12 Söhne, von den Töchtern wird nur eine erwähnt. König David hatte mehrere Frauen und sein Sohn Salomo gleich einen ganzen Harem.

Daneben finden wir auch im Alten Testament schon das Ideal einer monogamen Beziehung, und zwar gleich auf den ersten Seiten, in der Schöpfungsgeschichte. Da heißt es: *„Darum wird ein Mann seinen Vater und seine Mutter verlassen und sich mit seiner Frau verbinden. Die zwei sind dann eins mit Leib und Seele. "*[33]

Dieser Satz wird im Neuen Testament von Jesus und auch vom Apostel Paulus zitiert. Er wird also offenbar als grundlegend angesehen.

Vater und Mutter verlassen

Ein eigenes Nest bauen

Eine Hörerin stellte vor einiger Zeit eine Gewissensfrage an den NDR, die ich beantworten sollte:

Frage: Mein Mann und ich wohnen im Haus meiner Schwiegereltern. Das ist finanziell günstig, und es ist auch praktisch mit unseren beiden kleinen Kindern, denn meine Schwiegereltern sind immer da, auch wenn ich mal später von der Arbeit komme. Das Problem ist: Meine Schwiegermutter mischt sich in alles ein. Ständig fühle ich mich beobachtet und bewertet. Gibt es eine Lösung, ohne dass wir ausziehen müssen?

Meine Antwort: *Sie sitzen im warmen Nest, komfortabel und gut genährt. Sie wohnen preisgünstig, und wenn Sie mal nicht da sind, wissen Sie Ihre Kinder stets gut versorgt durch die Großeltern. Das ist herrlich bequem. Ermöglicht Ihnen Dinge, von denen andere nur träumen: zwischendurch mal weggehen, zum Einkaufen, zum Friseur. Abends ausgehen, ohne einen Babysitter zu suchen. Die Kehrseite: Im Nest sitzt man auch nah beieinander, es ist eng, manchmal zu eng. Die Schwiegereltern bekommen jede Menge mit. Mehr, als Ihnen lieb ist. Wenn die Wäsche sich vor der Waschmaschine türmt, die Kinder sich gerade mal wieder unerträglich streiten, Sie sich mit Ihrem Mann über Ihr letztes Shopping zoffen. Und Schwiegermutter gibt ihren Kommentar ab:*

> Der erste Rat, den die Bibel für Paare gibt: Mann und Frau, die zusammenleben wollen, sollen ‚Vater und Mutter verlassen'.

‚Schon wieder ein neuer Pulli. Ihr braucht das Geld doch für die Renovierung der Küche!' Das bringt Sie auf die Palme. Wenn Ihr Mann dann womöglich noch ins gleiche Horn tutet, ist es ganz vorbei mit dem Familienfrieden.

Und Ihre Gewissensfrage ist: Wie kann es funktionieren, ohne dass wir ausziehen müssen? Sie spüren es selber: Ausziehen wäre auch eine Lösung, vielleicht sogar die beste.

Denn es ist normal, ja unabdingbar, dass eine junge Ehe und Familie sich ein eigenes Nest baut. Der erste Rat, den die Bibel für Paare gibt, lautet: Mann und Frau, die zusammenleben wollen, sollen ,Vater und Mutter verlassen'. Klingt ziemlich radikal, oder? Verlassen!

Und wenn man nun doch im selben Haus wohnen bleibt? Dann ist das ,Verlassen' von Vater und Mutter umso wichtiger. Das heißt: klare Grenzen ziehen zwischen den Generationen, auf eigenen Füßen stehen. Manchmal hilft schon eine Tür, die man zusätzlich einbaut und abschließen kann. Eine Telefonanlage, die man trennt. Das wird Ihrer Ehe guttun, aber auch mit den Eltern versteht man sich meist viel besser, gerade wenn sie nicht alles mitbekommen. Bauen Sie Ihr eigenes Nest im großen Nest. – So weit meine Antwort an die Hörerin.

In der Zeit des Alten Testaments fand die Heirat statt, indem die Frau bei ihren Eltern auszog und bei ihrem Mann einzog. Ein öffentlicher Umzug verbunden mit einer großen Party. Das begründete die Ehe. Damit war vor der Gesellschaft dokumentiert: Diese beiden gehören jetzt zusammen.

„Ich heirate nicht, ich habe Angst, dass ich mich dann nicht mehr genug anstrenge für die Beziehung, weniger investiere", sagte mir eine Freundin, die mit ihrem Lebensgefährten schon lange zusammenlebt. Sie hat eine gescheiterte Ehe hinter sich und will sich nicht zu sicher fühlen. Klingt anstrengend, finde ich. Denn in einer liebevollen Partnerschaft will ich mich auch mal fallen lassen, mich anvertrauen können. Dietrich Bonhoeffer hat gesagt: Die Liebe trägt nicht nur die Ehe, die Ehe trägt auch die Liebe. Und das eben auch in einem rechtlichen Sinne.

> Dietrich Bonhoeffer: Die Liebe trägt nicht nur die Ehe, die Ehe trägt auch die Liebe.

Freunde von uns feierten neulich ihren fünften Hochzeitstag mit einer großen Party. Viele wunderten sich: Die sind doch so lange zusammen, haben zwei Kinder, der Sohn ist schon 16, wieso haben die erst fünften

Hochzeitstag? Das kam so, erzählte die Freundin: „Ich dachte immer, ich brauche das nicht, so ein Papier vom Standesamt, wozu, ich fand das spießig. Aber vor fünf Jahren ist ein Freund von uns mit 40 Jahren tödlich verunglückt. Er hatte eine Lebensgefährtin und zwei Kinder, und es war überhaupt nichts geregelt. Sie bekam keine Witwenrente. Und mit dem gemeinsamen Haus, den Schulden, dem Nachlass … Alles war ein einziges Chaos. Das hat uns total geschockt, wir haben uns gesagt: Das soll uns nicht passieren. Wir sind dann ganz spontan zum Standesamt, nur Eltern und Geschwister waren dabei. Abends haben wir mit unseren Freunden gefeiert und es allen erzählt. Und jetzt", sagt sie, „fühlt es sich so gut und richtig an, dass wir gerne auch noch kirchlich heiraten wollen."

Die Ehe trägt auch die Liebe, gibt ihr einen rechtlichen Rahmen, soziale Absicherung. Christen glauben darüber hinaus, dass Gott die Ehe trägt und hält.

Vater und Mutter verlassen. Das klingt ziemlich radikal, und es ist durchaus auch wörtlich zu verstehen: Verlassen heißt zu Hause ausziehen, selbstständig werden, eine eigene Existenz aufbauen, nicht mehr an Mutters Rockzipfel hängen, nicht mehr bei allem die Eltern um Rat fragen, finanziell auf eigenen Beinen stehen.

Auffällig bei dem Bibelvers ist, dass explizit der Mann aufgefordert wird, seine Eltern zu verlassen. Denn damals zog die Frau von zu Hause aus und beim Mann und dessen Familie ein. Sie verließ also ihre Familie sowieso. Aber gerade derjenige, der im Haus der Eltern wohnen bleibt, muss Vater und Mutter verlassen. Muss sich abgrenzen, eine klare Trennlinie ziehen. Die jungen Eheleute sind nicht einfach jetzt beide Kinder der Eltern bzw. Schwiegereltern. Mit ihrer Ehe entsteht etwas ganz Neues, und das hat absoluten Vorrang vor den alten Bindungen.

> **Mit der Ehe entsteht etwas ganz Neues, und das hat absoluten Vorrang vor den alten Bindungen.**

Das Zusammenleben mehrerer Generationen in einer Großfamilie hat Charme, ohne Frage, und manchmal klappt es auch. Es kann eine Win-win-Situation sein: Die Älteren helfen den Jüngeren und umgekehrt. Je mehr die Beteiligten es schaffen, klare Grenzen zu ziehen, desto besser funktioniert es. Aber oft habe ich auch das Gegenteil erlebt, als Pastorin in kleinen Dörfern. Ich kenne Geschichten von jungen Ehepaaren, die damals nach dem Krieg mit den Eltern zusammen in einer Wohnung lebten und nur das Schlafzimmer für sich hatten. Was haben sich da für Konflikte abgespielt! Streit, unterdrückte Wut, gehässige Bemerkungen und Einmischung auf allen Ebenen. Ein Wunder, dass Ehen das überhaupt überlebt haben … aber manche haben es eben auch nicht gut überlebt und haben bleibenden Schaden davongetragen.

Eine junge Ehe ist ein zartes Pflänzchen, und mancher Frost zerstört brutal, was sachte keimen und wachsen wollte. Auch heute ist eins der häufigsten Probleme in der Paarberatung die fehlende Abgrenzung zu den Eltern.

Manche Menschen sind zu Hause ausgezogen und haben trotzdem nicht verlassen. „Meine Mutter ruft jeden Morgen um 8 Uhr an, bevor ich ins Büro gehe. Die Kinder und meine Frau sind dann schon aus dem Haus", erzählt mir ein Mann. „Alle Probleme, die ich habe, bespreche ich mit meiner Mutter. Meine Frau hat nur ihre Karriere als Managerin im Kopf, mit der kann ich nicht darüber reden." Das kann er bis heute nicht, und er hat sie auch nie wirklich dazu herausgefordert, denn er hat ja die Mutter. Hier hat also jemand nicht verlassen, obwohl er äußerlich ausgezogen ist. Und eine Frau, die immer springt, wenn Mutter anruft, und gleich Gewehr bei Fuß steht, wenn Mutter etwas will, die hat auch nicht richtig verlassen.

Eltern erwachsener Kinder tun gut daran, sich rauszuhalten und auch selbst Grenzen zu ziehen. Sie sollten den Sohn oder die Tochter gar nicht erst in Situationen bringen, wo sie sich entscheiden müssen zwischen Eltern und dem Partner bzw. der Partnerin.

Und wenn alle in einem Haus wohnen? Lassen Sie eine Tür einbauen, die man auf- und zuschließen kann und an der man klopfen oder klingeln muss. Es wird allen Parteien gut bekommen. Manche Beziehungen wären nicht gescheitert, wenn die Eltern die Kinder innerlich losgelassen und sich rausgehalten hätten.

Ach ja, die Liebe

Von Romeo und Julia und dreckigen Windeln

Unsere eigene Hochzeit war ziemlich schrecklich. Die große Party hatten wir abgesagt, denn mein Vater lag im Sterben. Mein Schwiegervater kam nicht zur Trauung, weil er mich für die falsche Frau an der Seite seines Sohnes hielt. Beide Mütter weinten nur. Die Stimmung war bedrückend. – Wenn eine gelungene Hochzeitsfeier ein Omen wäre für eine glückliche Ehe, dann hätten wir beide schlechte Chancen gehabt. Unsere Beziehung war am Anfang großen Krisen ausgesetzt, aber das hat unsere Liebe alltagstauglich gemacht.

Liebe wird – fälschlicherweise – gesehen als ein atemberaubendes Hochgefühl, das alle Sinne und Gedanken beherrscht.

In unserem Kulturkreis allerdings holpert es oft genug mit der Liebe und der Alltagstauglichkeit. Liebe wird – fälschlicherweise – gesehen als ein atemberaubendes Hochgefühl, das alle Sinne und Gedanken beherrscht. Das einen einfach überkommt, einen ganz und gar mit Beschlag belegt, den Verstand ausschaltet. Ekstase. So beschreiben es Daily Soaps und viele große Liebesdramen: Romeo und Julia, Tristan und Isolde oder Love Story, der herzzerreißende Filmklassiker von 1970. Meist gibt es in diesen Geschichten ein Hindernis. Das muss überwunden werden, damit die Geliebten zusammenkommen können. Oft ist es, wie bei Romeo und Julia, der Widerstand der Eltern. Wenn das Hindernis beseitigt ist und damit die Tiefe der Liebe unter Beweis gestellt, endet die Geschichte. Die berühmten klassischen Liebesgeschichten enden in der Regel mit der Hochzeit oder dem Tod.

Das ist fatal, denn es hat uns geprägt und die falsche Vorstellung verankert: Liebe und Alltag passen nicht zusammen. Liebe und schmutzige Geschirrberge, dreckige Windeln, schreiende Babys, das geht nicht. Romeo und Julia, diese Liebe ist so stark, so entrückt – können Sie sich die beiden als Rentnerehepaar vor dem Fernseher vorstellen? Das passt nicht, denken wir. Liebe, so transportieren es diese Klischee-Liebesgeschichten, ist das Außergewöhnliche, nicht der Alltag.

Dazu kommen oft Vorstellungen von „Füreinander bestimmt sein". Diese Idee stammt aus der griechischen Mythologie. Man stellte sich vor, dass Menschen ursprünglich kugelähnliche Wesen mit zwei Köpfen, vier Armen und vier Beinen waren. Diese Wesen wurden Göttervater Zeus jedoch zu mächtig, und so zerschnitt er sie in zwei Teile. Seitdem sehnt sich jeder nach der ihm zugehörigen anderen Hälfte. Wenn man sie findet, wird man geheilt und ganz. Wie gesagt: eine magische Vorstellung, mit der man die erotische Anziehungskraft erklärte. Mit realer echter Liebe hat all das allerdings rein gar nichts zu tun.

Heutige Paarforscher sind sich einig: Jeder kann mit mehreren, mit unterschiedlichen möglichen Partnern glücklich werden. Nicht mit jedem – es muss bestimmte Schnittmengen geben, in denen man übereinstimmt. Dass Zusammenleben jedoch gelingt, das ist nicht Bestimmung, sondern dazu ist harte Arbeit erforderlich.

Denn spätestens nach zwei Jahren ist das Gefühl des Verliebtseins verschwunden. Bei jeder noch so heißen Beziehung kehrt irgendwann der Alltag ein, und da kommt es darauf an, dass man fähig ist, Konflikte zu lösen und zu verzeihen. Und dass man respektvoll miteinander umgeht und verantwortlich handelt.

Vielleicht kommt es nicht von ungefähr, dass die Bibel in Bezug auf die Ehe nicht von Lieben redet, sondern von sich Verbinden. Eine Liebe, die nicht nur aufs große Gefühl baut, sondern auch auf den Willensentschluss. Sich verbinden, das ist Liebe, die sich entschieden hat: Ja, wir beide gehören zusammen. Eine Liebe, die mit Treue zusammengeht, die verletzlich ist, die Schuld erträgt und Krankheit. Die Durststrecken aushält, Zeiten, in denen die Gefühle auf Eis liegen. Die Krisen als Herausforderungen ansieht, um die Ehe zu kämpfen. Die der Ehe Priorität gibt.

> Der Partner, die Partnerin gehört an die erste Stelle, und auch wenn sie Eltern werden, dann bleiben sie doch ein Liebespaar. Und das hat Vorrang vor der Beziehung zu den Kindern.

Eine Frau sagte mir mal: „Als unser erster Sohn geboren wurde, da ging alle Liebe und Zuwendung meines Mannes nur noch auf das Kind. Ich bekam nichts mehr ab." Oft sagen das auch Männer, die sich von der innigen Beziehung zwischen Mutter und Baby ausgeschlossen fühlen. Das bekommt dem Paar schlecht. Der Partner, die Partnerin gehört an die erste Stelle, und auch wenn sie Eltern werden, dann bleiben sie doch ein Liebespaar. Und das hat Vorrang vor der Beziehung zu den Kindern. Und: Es tut auch den Kindern gut, wenn diese Grenze klar gezogen wird. Wenn die Eltern sich gut verstehen und die Kinder nicht als Vater- oder Mutterersatz herhalten müssen. Und auch nicht benutzt werden, um sich zu produzieren oder dem anderen eins auszuwischen, nach dem Motto: Ich gehe ja viel besser mit den Kindern um als du.

Schon die ersten Geschichten der Bibel zeigen, wie fatal es ist, wenn das nicht beherzigt wird. Da sind Isaak und seine Frau Rebekka. Ihre Liebesgeschichte ist wunderschön[34]. Doch als ihre Zwillinge Jakob und Esau geboren werden, da scheint die eheliche Liebe auf der Strecke geblieben zu sein. Stattdessen hat jeder der Eltern sein Lieblingskind, Isaak den willensstarken Esau und Rebekka den weichen Jakob. Das untergräbt nicht nur das Vertrauen der Eheleute, es tut auch den beiden Söhnen überhaupt nicht gut. Ein Familiendrama ohne Ende ist die Folge[35]. Mit weitreichenden Konsequenzen über Generationen hinweg.

Der Partner, die Partnerin, mit der man sich verbunden hat, ist die Nummer eins. Diese Liebe schließt Nächstenliebe ein: Die beiden engen sich nicht ein und schneiden sich nicht gegenseitig den Lebensraum ab. Beide Partner haben Interesse daran, dass der andere sich seinen Gaben gemäß entwickeln kann. Liebe, die nur einen der beiden stark macht, an der ist etwas faul. Manchmal macht Liebe sogar beide schwach: Die bringen zu zweit weniger zustande als jeder für sich alleine, weil sie sich gegenseitig einschränken und behindern. Partner dagegen, die sich fördern und das Wohl des anderen im Auge haben, haben zusammen ungeheuer viel Power.

Je nach Lebensphase können dabei unterschiedliche Schwerpunkte wichtig sein. Es ist eine Kunst, stets neu auszuloten, was für das Paar und für jeden der beiden gerade dran ist.

Der Alltag muss jedenfalls nicht der Tod der Liebe sein. In gelungenen Beziehungen ist es eher umgekehrt: Die Liebe gibt dem Alltag Glanz. Auch so etwas wird ja manchmal in der Kunst beschrieben. In dem berühmten Broadway-Musical Anatevka singen der Milchmann Tevje und seine Frau Golde nach 25 Jahren Ehe[36]:

Tevje:	*Golde, liebst du mich? Was fühlst du eigentlich für mich, ha?*
	Ist es Liebe?
Golde:	*Ist es was?*
Tevje:	*Ist es Liebe?*
Golde:	*Ist es Liebe? – Bei fünf heiratsfähigen Töchtern fragt man doch*
	nicht solchen Quatsch! Du bist krank! Geh ins Haus! Leg dich hin!
	Ruh dich aus! Mach schon, was ich dir sage!
Tevje:	*Golde, hör zu, was ich dich frage:*
	Ist es Liebe?

Golde:	*Lass das sein!*
Tevje:	*O nein!*
	Sag, ist es Liebe?
Golde:	*Ist es Liebe!*
Tevje:	*Nun?*
Golde:	*Seit fünfundzwanzig Jahrn da wasche ich, koche ich, putze ich,*
	gab dir fünf Töchter, melk die Kuh.
	Nach fünfundzwanzig Jahrn lass mich damit in Ruh!
Tevje:	*Golde!*
	Wir sah'n uns zur Hochzeit das allererste Mal.
	Ich war scheu.
Golde:	*Und ich auch.*
Tevje:	*Ich war ängstlich.*
Golde:	*Und ich auch.*
Tevje:	*Unsere Mütter, unsere Väter sagten: „Liebe kommt erst später!"*
	Sag, liebst du mich denn, Golde?
	Ist es Liebe?
Golde:	*Sei jetzt still …*
Tevje:	*O nein! Sag, ist es Liebe?*
Golde:	*Ist es Liebe?*
Tevje:	*Nun?!*
Golde:	*Seit fünfundzwanzig Jahrn leb ich mit ihm, lach mit ihm,*
	wein mit ihm, seit fünfundzwanzig Jahrn ist sein Bett mein.
	Das muss ja Liebe sein!
Tevje:	*Weib, du liebst mich?*
Golde:	*Ich glaub, dass ich's tu.*
Tevje:	*Ich lieb dich, Golde, immerzu.*
Beide:	*Man wusste voneinander nicht Bescheid!*
	Und nach fünfundzwanzig Jahren wird's endlich Zeit!

Die Liebe von Tevje und Golde war am Anfang gar keine romantische Liebesbeziehung. Die Ehe war über eine Heiratsvermittlerin arrangiert.

Das ist bis heute noch in vielen Ländern des Vorderen Orients üblich. Unsere syrischen Freunde finden es überhaupt nicht ungewöhnlich, dass die Eltern den Ehepartner oder die Ehepartnerin aussuchen. Die Liebe kommt dann in der Ehe, meinen sie.

Ich allerdings wäre definitiv nicht mit meinem Mann zusammen, wenn dessen Eltern ihm die Frau ausgesucht hätten. Und das wäre schade gewesen.

Bei Tevje und Golde in Anatevka hat es funktioniert. Ihre Liebe ist im Alltag gewachsen, eine tiefe Zusammengehörigkeit ist entstanden. Sie sind innig miteinander vertraut, fühlen sich beim anderen geborgen, zu Hause. Sind aneinander gewöhnt, im positiven Sinn. Diese liebevolle Vertrautheit besingt Professor Higgins in dem Musical My fair Lady[37]:

Ich bin gewöhnt an ihr Gesicht, gewöhnt dran, wie sie spricht,
mit ihr beginnt für mich der Tag, das ist mir alles so vertraut,
fast wie der Hut schon, den ich trag,
ihr Gang, ihr Blick, ihr Leid, ihr Glück …

Zwei Teile eines Ganzen

Eins werden mit Leib und Seele

Verlassen – sich verbinden – eins werden mit Leib und Seele. Was wir mit Sex bezeichnen, ist nur ein rudimentäres Zerrbild von „eins werden mit Leib und Seele". Seit den 60er-Jahren des letzten Jahrhunderts, seit Pille und freier Liebe scheint es völlig aus der Zeit gefallen zu sagen, Sexualität gehöre in eine verantwortungsvolle Beziehung. „Wer zweimal mit derselben pennt, gehört schon zum Establishment" hieß es damals provokativ. Und so hat sich inzwischen weithin die Meinung durchgesetzt, eine verantwortliche Liebesbeziehung und Sex seien zwei ganz verschiedene Dinge. One-Night-Stands gelten als gesellschaftlich akzeptiert, Hauptsache, es passiert im beiderseitigen Einvernehmen und die Partner fühlen sich gut dabei. So ist es sogar in manchen Posts von kirchlich Engagierten auf Instagram zu lesen. Mich befremdet das. Offenbar will man auf keinen Fall irgendwie moralisierend rüberkommen und Freiheiten einschränken. Auch viele Eltern Jugendlicher sind verunsichert. Sie wollen nicht als prüde und verklemmt gelten und erlauben deshalb schon ihren 14-jährigen Töchtern, in ihrem Mädchenzimmer mit ihrem Freund zu schlafen – Hauptsache, die Verhütung ist gesichert.

Eine vielleicht verständliche Gegenbewegung zur Prüderie früherer Jahre. Aber dabei fällt man auf der anderen Seite vom Pferd, setzt zu wenige Grenzen. Es wird beispielsweise so getan, als könne man eine Schwangerschaft zu 100 % ausschließen – was nicht der Realität entspricht. Ich habe selbst mehrere Teenagerschwangerschaften mitbekommen und begleitet. Abtreiben oder das Kind behalten? Dieses Problem ist zutiefst verstörend, und die Entscheidung, wie auch immer sie getroffen wird, hinterlässt lebenslange Spuren.

Nach dem Neuen Testament ist Sex viel mehr als einfach Spaß oder so etwas wie Sport. Sex verändert etwas, er macht zwei Menschen zu einem Paar, selbst bei einem One-Night-Stand. Paulus schreibt im 1. Korintherbrief: *Wer mit einer Prostituierten schläft, ist eins mit ihr.* [38] Sex ist also nach der Bibel eine bedeutsame Handlung, selbst wenn er nur einmal oder mit einer Prostituierten vollzogen wird. Im Griechischen steht hier für Leib das Wort Soma. Soma ist *„nicht lediglich ein Teil des Menschen, der von seinem eigentlichen Ich unterschieden werden könnte. Was der Mensch an und mit seinem Leib tut, widerfährt ihm selbst. Das Soma haftet dem Menschen also nicht äußerlich an. Sondern der Mensch ist als Ganzer Soma.*"[39]

Sich selbst wertschätzen bedeutet also zugleich, den eigenen Körper wertschätzen und ihn durch Grenzen schützen.

> Sex verändert etwas, er macht zwei Menschen zu einem Paar.

Eins werden mit Leib und Seele. Das bedeutet, dass zwei Menschen alles miteinander teilen, verschmelzen, ineinander aufgehen. Dass sie eins werden und doch zwei eigenständige Persönlichkeiten bleiben. Ein afrikanisches Ehesymbol veranschaulicht dies: Es zeigt die Köpfe eines Mannes und einer Frau, verbunden mit einer Holzkette. Diese Schnitzerei ist aus einem einzigen Stück Holz geschnitzt. So ist es in der Schöpfungsgeschichte in der Bibel beschrieben. Als Adam Eva entdeckt, ruft er entzückt: *„Das ist sie! Endlich jemand, der mir gleicht und zu mir passt. Sie soll ‚Frau' heißen und ich ‚Mann' – wir gehören zusammen, denn sie wurde aus einem Stück von mir gemacht."*[40]

Im Hebräischen haben die Begriffe für Mann und Frau den gleichen Wortstamm: Isch und Ischah. Mann und Frau, zwei Teile eines Ganzen, die zusammenstreben und darin Erfüllung finden.

Nähe und Freiheit

Verliebte möchten am liebsten alles gemeinsam tun und sich nie trennen. Der Schweizer Eheberater Jörg Willi beschreibt es so: *„Es ist das Sehnen nach dem Erkanntwerden im innersten Wesen, nach einem durch nichts behinderten Aufgehen im Du, einem Ineinander-Versinken in der vollen Lust ewiger Umarmung."*[41] Aber dieses Verschmelzen ist kein Dauerzustand. Bei keinem Paar. Sobald die erste Phase der Verliebtheit verflogen ist, merken die beiden Partner, dass sie zwei verschiedene Personen sind. Jeder hat eigene Gewohnheiten, Vorstellungen von Ordnung, von Urlaub: Sie will an die See, er in die Berge, sie will am Strand liegen und lesen, er will einen Kletterkurs machen. Jeder hat meist auch etwas, das ist ganz seins oder ihrs. Ihr Pferd. Sein Motorrad. Es tut Paaren gut, wenn sie respektvoll mit der Eigenwelt des anderen umgehen können und die Grenzen des anderen achten – also wenn er beispielsweise nicht ungefragt ihr Handy checkt. Und sie nicht ungefragt sein neues E-Bike verleiht.

Es gibt zwei Strategien der Partnerwahl: „Gegensätze ziehen sich an" lautet die eine. Danach verfahren etwa zwei Drittel aller Paare: Sie ist temperamentvoll, er besonnen. Sie laut, er still. Er anhänglich, sie autark. Sie ist technisch begabt, er hat guten Überblick über die Finanzen. Sie pflegt Beziehungen, er ist gerne für sich. Die beiden haben das Gefühl, sich perfekt zu ergänzen.

Ein Drittel der Paare bevorzugt die Strategie: „Gleich und gleich gesellt sich gern." Der andere ist wie ich. Ich fühle mich zutiefst verstanden. Es ist eine Seelenverwandtschaft. Wir haben die gleichen Hobbys, die gleichen Träume von der Zukunft, wollen beide auf dem Dorf leben.

Doch auch für Paare, die sich ähnlich sind und viel gemeinsam machen, gilt: *Jede Paarbeziehung braucht ein Mindestmaß an Unterschiedlichkeit, sonst fehlt es der Partnerschaft an Leben und Zukunft.* "[42] Beide brauchen Raum zu eigener Entfaltung, sie brauchen ihr Hobby und ihre kleinen Geheimnisse. Jede Liebesbeziehung braucht Grenzen.[43]

Denn wenn die Beziehung zu eng ist, zu symbiotisch, wenn man sich in allem einig ist und alles gemeinsam macht, dann geht das in der Regel auf Kosten der erotischen Anziehung. Dann kommen Paare in die Beratung und berichten, dass sie seit Jahren keinen Sex mehr miteinander haben. Hier hilft nur, sich gegenseitig mehr Freiräume geben, mehr eigene Wege gehen, mehr Autonomie entwickeln.

Andere können ihre Paarbeziehung nur in großer Distanz leben. Ein berühmtes Beispiel hierfür sind die französische Feministin Simone de Beauvoir (1908–1986) und der existenzialistische Philosoph Jean Paul Sartre (1905–1980). Sie machten gemeinsame Reisen und politische Kampagnen und lehnten die monogame Ehe ab. Ihr Leben lang wohnten sie in verschiedenen Häusern und siezten sich sogar, und trotzdem verband die beiden 51 Jahre lang eine Liebesbeziehung.

Eine meiner familientherapeutischen Kolleginnen war mit einem Piloten verheiratet. Die Ehe klappte wunderbar, solange er berufstätig war und viel auf Langstreckenflügen unterwegs war. Doch mit Anfang 50 wurde er pensioniert und war fortan jeden Tag zu Hause. Das brachte die bisherige Balance von Nähe und Distanz vollkommen aus dem Gleichgewicht. Er war nun immer um sie herum, alles musste mit ihm besprochen werden, sie hatte das Gefühl, ihre Autonomie ging flöten, und die war ihr sehr wichtig. Die beiden haben sich schließlich getrennt.

(Kein) Sex in der Ehe

Schweigen im Schlafzimmer

Mehrere Gewissensfragen an den NDR drehten sich um Sex. Eine Hörerin schreibt:

„Ich habe keine Lust auf Sex. Seit ich die Kinder habe, brauche ich das irgendwie nicht mehr. Mein Mann findet das natürlich nicht so toll, wenn ich ihn dauernd abweise. Er ist dann mies gelaunt, und ich habe ein schlechtes Gewissen. Aber ich kann mich doch nicht dazu zwingen, wenn es mir keinen Spaß macht, oder?"

In der Tat ist das ein häufiges Thema auch in der Paarberatung. Ja, auch in der Sexualität sind Grenzen wichtig. Jedes Paar muss sie individuell für sich aushandeln. Oft wundere ich mich, wie wenig in Beziehungen über Sex gesprochen wird. Unsere Gesellschaft ist doch so freizügig, in Literatur und Filmen werden Sexszenen detailliert beschrieben und gezeigt. Aber mit dem Partner, der Partnerin über die eigene Sexualität zu sprechen, ist offenbar noch mal eine ganz andere Nummer. In den Schlafzimmern herrscht bei vielen Paaren das große Schweigen.

Wir beobachten dabei zwei Extreme: Das eine ist Gewalt gegen Frauen. Diese Frauen schaffen es nicht, Grenzen zu ziehen und sich zu schützen. – Ich habe sie immer noch vor Augen, die Frau, die weinend und verzweifelt in meine Arztpraxis kam. Sie hatte überall am Körper blaue Flecken, Blutergüsse. Der Mann hatte sie geschlagen und vergewaltigt, und das nicht zum ersten Mal. Ich sprach lange mit ihr, was passiert war und wie sie sich schützen könne. Wir kamen überein, dass sie zunächst mal in ein Frauenhaus gehen sollte. Dort könnte sie in Ruhe überlegen und mit den Mitarbeiterinnen besprechen, wie es weitergehen sollte. Ich bekam auch, oh Wunder, tatsächlich am selben Tag einen Platz für sie im Frauenhaus. Nur, bereits nach zwei Tagen kehrte sie zum Mann zurück. Der hatte sie tränenreich um Verzeihung gebeten und versprochen, ihr nie wieder Gewalt anzutun. Sie glaubte es nur zu gerne. Sie wollte es auch nach dem fünften und zehnten Mal noch glauben. Das ganze Spiel ging immer wieder von vorne los.

Mitarbeiterinnen von Frauenhäusern können viele solcher Geschichten erzählen. Von gedemütigten und vergewaltigten Frauen, die trotz Gesprächen und Unterstützung stets zu ihren gewalttätigen (Ehe-)Männern zurückkehren. Das sind familiäre Katastrophen, auch für Kinder, die in diesem Klima der Gewalt und ständigen Angst aufwachsen. Diese Frauen müssen dringend lernen, Grenzen zu ziehen, sich zu behaupten oder auch, sich zu trennen.

Grenzen können jedoch auch zu strikt gezogen werden, wie die NDR-Gewissensfrage zeigt. Nicht immer sind es die Frauen, die sich abgrenzen. Paare haben oft monate-, manchmal jahrelang keinen Sex. Abgesehen von medizinischen Gründen kenne ich keine Ehe, die das gut übersteht.

Ich sehe den 80-Jährigen noch an der Anmeldung in unserer Praxis stehen. Oft kam er mit seiner Frau. Es ist schon einige Jahre her, inzwischen sind sie verstorben. Beide klein, sehr schlank, sehr drahtig, redegewandt. Diesmal war er alleine da. „Meine Frau ist so temperamentvoll, Sie kennen Sie ja", sagte er zu mir, „aber wissen Sie was, das glauben Sie jetzt nicht: in der Liebe eine Null! Als sie 50 wurde, hat sie mir gesagt: So, damit ist jetzt Schluss. Und das hat sie durchgezogen, da lief überhaupt nichts mehr im Bett. Aber als ich dann eine Freundin hatte, da war das Theater groß."

Ich half zu der Zeit ein paar Stunden in der Praxis meines Mannes mit, an der Anmeldung. Und ich wunderte mich anfangs sehr darüber, was Patienten mir am Tresen alles anvertrauten, in diesem relativ öffentlichen Bereich. Der 80-Jährige war übrigens nicht der Einzige, der sich dort über mangelnden Sex beklagte.

Kein Sex in der Ehe: Manchmal beklagen sich auch Frauen darüber. „Mein Mann schläft fast gar nicht mehr mit mir", sagte eine Frau, „ihm liegt da scheinbar nichts dran. Ich fühle mich total unattraktiv und nicht begehrenswert. Wie eine alte Schreckschraube, dabei bin ich erst 39." Einige Zeit später verliebte sich ihr Mann – in einen anderen Mann. Seine homosexuelle Prägung hatte er lange nicht wahrhaben wollen. Er wollte doch Familie, Kinder. War aber innerlich zerrissen. Und mit Anfang 40 merkte er schließlich, dass er nicht jahrelang weiter so leben wollte. Das war ein langer, schmerzlicher Weg für alle Beteiligten. – Wir haben mehrere solcher Familien begleitet. Das sind oft tragische Geschichten.

Die Gewissensfrage der NDR-Hörerin habe ich so beantwortet:
Ja, das fragen Frauen häufig: „Soll ich mich etwa verstellen und so tun, als ob?"
Das finden sie blöd, und dann lassen sie es lieber. Und so werden die Männer sexuell kurz gehalten, monate-, manchmal jahrelang. Später jedoch kommen die Frauen wieder und weinen sich aus, weil ihr Mann eine andere hat.

Die Bedürfnisse von Männern und Frauen sind in sexueller Hinsicht tatsächlich sehr unterschiedlich. In der Regel ‚wollen' Männer häufiger als Frauen, und das macht sie abhängig und verleiht den Frauen Macht. Soll er doch sehen, wohin mit seinen Bedürfnissen. – Kein Wunder, dass er schlechte Laune kriegt.
Hinzu kommen völlig überzogene Vorstellungen aus Büchern und Filmen. Da haben beide Filmpartner aus dem Stand den tollsten Sex. Diese unrealistischen Bilder schwirren in vielen Köpfen herum, und frau denkt: Wenn es nicht ganz irre toll wird, dann lieber gar nicht …

Eine uns befreundete Gynäkologin sagt den Frauen, die in ihre Praxis kommen: „Sexualität ist ein natürliches Bedürfnis, das dürft ihr euren Männern nicht verweigern. Es gibt eben auch so was wie Alltagssex."

Es gibt auch so was wie Alltagssex.

Alltagssex – ich finde das hilfreich. Das kann die „schnelle Nummer" sein, auf die Sie sich einlassen, um dem Partner eine Freude zu machen, dabei sich selbst nicht so wichtig nehmen. Glauben Sie mir, durch dieses Entgegenkommen Ihrerseits wird die Laune um Klassen besser werden. Und dann der Sonntagssex. Klar, ein romantischer Abend zu zweit oder ein entspanntes Wochenende kostet Planung. Keine Termine annehmen und die Kinder zur Oma. Wenn Sie bewusst Zeit dafür freischaufeln, dann werden Sie womöglich merken: Es tut nicht nur Ihrer Ehe gut, es gefällt Ihnen auch wieder.

Der Reformator Martin Luther sprach für seine Zeit sehr offen über Sexualität. Er wurde mal gefragt, wie oft den „ehelichen Pflichten" nachzugehen sei. Seine Empfehlung: Zwei Mal pro Woche – und er machte gleich einen Reim drauf: „In der Woche zwier, schaden weder ihm noch ihr."

Pornos im Internet

Im Internet ist Sex nahezu grenzenlos zugänglich. Wie soll ein Paar damit umgehen? Wo muss ich Grenzen setzen, oder wo muss ich womöglich Grenzen weiter stecken? Eine NDR-Hörerin stellte dazu folgende Gewissensfrage:

Ich habe meinen Mann dabei überrascht, wie er sich Pornos im Internet anguckt. Das hat mich total umgehauen. Er sagt, das habe er nur ein paarmal gemacht, und es habe nichts mit mir zu tun. Er liebe mich. Aber ich empfinde es als Verrat und bin fix und fertig. Wie soll ich damit umgehen?

Ich habe ihr geantwortet:

Ja, das sagen die Männer oft: „Es hat nichts mit dir zu tun." Das aber versteht keine Frau. „Wieso sollte es nichts mit mir zu tun haben", denken sie. „Er guckt sich andere Frauen an und hat in Gedanken Sex mit ihnen. Was er doch eigentlich mit mir haben sollte. Ich bin also unattraktiv für ihn, er begehrt mich nicht."

Oft stellen Männer ihre Frauen auf einen Sockel. Sie ist eine tolle Frau, eine wunderbare Mutter, ein wertvoller Mensch, sagen sie. Eine Art Heilige. Ja, aber mit einer Heiligen hat man keinen schmutzigen Sex. Der kann man unmöglich sagen, was man sich im Bett wünscht. Und so haben viele Paare eine absolut öde sexuelle Beziehung. Die Fantasien sind aber nun mal da, und dann versucht mann sie auf andere Weise zu befriedigen. Pornos anzugucken erscheint manchem dann noch vergleichsweise harmlos. Er geht ja nicht fremd. Er fasst keine andere Frau an. Er guckt sie nur an.

Nach der Bibel hingegen fängt Ehebruch nicht erst beim praktizierten Sex mit einem anderen Partner an. Sondern schon beim Gucken und beim Sex in Gedanken. Sexuelle Erlebnisse mit der eigenen geliebten Partnerin jedoch werden sehr bildhaft geschildert. Nicht von ungefähr heißt das entsprechende Buch im Alten Testament: Das Hohelied der Liebe. Erotik pur.

Ihr Mann guckt Pornos an. Wie gut, dass das bei Ihnen jetzt aufgeflogen ist. Es ist ein Schock für Sie, klar. Aber diese Krise birgt auch eine Chance. Den anderen tiefer und besser kennenzulernen. In einer ganz neuen Offenheit miteinander zu reden. Die Hüllen fallen zu lassen, und zwar die Hüllen der Scham zwischen Ihnen beiden. Und dadurch mehr Knistern und mehr Farbe in Ihre Beziehung zu bringen.

Vermitteln Sie Ihrem Mann, dass Sie ihn nicht abwerten für seine Fantasien und Wünsche. Dass Sie auch welche haben und sich mit ihm darüber austauschen möchten. Dass Sie bereit sind, einiges mit ihm auszuprobieren. Sicher,

Sie haben Grenzen, und die dürfen Sie auch setzen. Aber vielleicht sind die doch weiter, als es derzeit scheint. "

Hör nicht immer „auf dein Herz"

Untreue als Chance?

Es war einer der Aufreger im Sommer 2019: „Ich war Helmut Kohls Geliebte", enthüllte eine Frau in einem Buch. Anfang der 90er-Jahre des letzten Jahrhunderts hätte sie eine geheime Beziehung mit dem früheren Bundeskanzler gehabt. Die Klatschspalten der Illustrierten explodierten förmlich über diese sensationelle Enthüllung. Man reibt sich verwundert die Augen und fragt sich: Was treibt diese Frau an? Gehört so ein Geständnis nicht in die Beichte statt in ein Buch? Ist Ehebruch etwas, worauf man stolz sein kann, erhöht sogar den Promifaktor?

Ehebruch ist doch vor allem Lüge, Betrug und auf Jahre zerstörtes Vertrauen. Grenzen werden brutal zerstört. Natürlich im Namen der neuen Liebe oder was man für Liebe hält.

Matthias und Sabine hatten beide schwierige Trennungsgeschichten hinter sich. Dann lernten sie sich kennen, verliebten sich. Bekamen zwei Töchter, heirateten. Doch die Ehe lief nicht rund. Es gab viele Probleme, sie fand ihn viel zu zwanghaft und unentspannt, er warf ihr vor; sie sehe alles zu locker. Irgendwann verliebte sie sich unsterblich in einen Kollegen. Fing heimlich eine heiße Beziehung mit ihm an. Eine eklatante Grenzverletzung. Nach einem halben Jahr flog alles auf. Matthias war am Boden zerstört, Sabine total zerrissen. Auf keinen Fall wollte sie ihre Familie kaputt machen. Aber die Gefühle für den Geliebten waren so stark. Matthias war bereit, ihr alles zu verzeihen, er hoffte und betete. Und er sagte ihr immer wieder: „Hör doch einfach auf dein Herz." Aber das war genau der falsche Rat. Denn „ihr Herz", das war bei dem Geliebten.

„Hör auf dein Herz" – ein Rat, der häufig gegeben wird. Klar, wenn damit unser Bauchgefühl gemeint ist, unsere Intuition, dann kann die treffsicherer sein als unser Verstand, der jedes Für und Wider bis ins Kleinste abwägt. Aber oft meinen wir mit „Herz" einfach unsere verliebten Gefühle. Die wir gerade (!) haben. Und die erzeugen manchmal wüste Turbulenzen, die zu folgenschweren Abstürzen führen.

Damit wir dem nicht hilflos ausgeliefert sind, hat Gott uns zusätzlich Gewissen und Verstand gegeben. Wie laut müssen die eigentlich schreien, damit man auf sie hört? Nur eben: Sie schreien nicht. Sie mahnen leise und beharrlich, und man kann sehr gut die Ohren vor ihnen verschließen. „Wider besseres Wissen" habe er gehandelt, sagt dann jemand, der sein Tun bereut.

Das Gewissen, darüber redet laut Bibel Gott zu den Menschen. Auf sein Gewissen zu hören, kann heilsamer sein, als auf sein zeitweise verwirrtes Herz zu hören. Das Wort, das uns weiterbringt, können wir uns oft nicht selber sagen. Dass dieses Wort ankommt und wirkt, dafür können wir gut höhere Unterstützung gebrauchen.

Auf sein Gewissen zu hören kann heilsamer sein, als auf sein verwirrtes Herz zu hören.

In der Peterskirche in Görlitz haben wir dafür ein schönes Symbol gefunden: Die Kanzel, von der gepredigt wird, wird dort von einem Engel getragen. Der hilft dabei mit, dass das gute Wort gehört wird und auch vom Ohr ins Herz befördert wird.

Matthias und Sabine kamen nach einer nervenaufreibenden Zeit und einer Paarberatung wieder zusammen. Matthias hat seiner Frau den Ehebruch vergeben. Das ging nicht von heute auf morgen, es war ein harter Kampf für ihn. Aber in der Beratung wurde ihm klar: Auch Sabine hatte ihm einiges zu vergeben. Und so fanden beide zu einem neuen Miteinander. Steckten ihre Außengrenzen als Paar neu ab.

„Warum hast du mir das angetan? Untreue als Chance" lautet der provozierende Titel eines Buches, das der Eheberater Hans Jellouschek[44] geschrieben hat. Ja, Untreue kann eine Chance sein – eine Chance zur Klärung,

wenn das Paar den Mut, hat Defizite in der Beziehung anzugucken. Wenn sie sich etwa die Frage stellen: Was genau fasziniert Sabine an dem Mann, in den sie sich verliebt hat? Was zeigt ihr das darüber, was sie in ihrer Ehe vermisst? Und als nächsten Schritt sollte sie den Mut aufbringen, diesen Mangel anzusprechen, kurz und klar, nicht fordernd, sondern freundlich: „Ich vermisse in unserer Beziehung ... und brauche zukünftig von dir ..." Anschließend könnte sie Matthias fragen, was das bei ihm ausgelöst hat. Wie es ihm damit geht. Und ob er bereit ist, daran mit ihr zu arbeiten. Und auch Matthias sollte seine Herzenswünsche äußern.

So ein Gespräch sollte an einem ungestörten Ort und zu einem für beide passenden Zeitpunkt geführt werden. Oder bei einem langen Spaziergang. Hilfreich ist es, wenn das Paar anschließend konkrete Vereinbarungen trifft. So können sie miteinander Neues entwickeln. Und sie können sich vergeben.

Dulden ist keine Lösung. Entwickeln Sie Selbstachtung.

Vergeben ja – eine Fremdbeziehung tolerieren, geht aber gar nicht. Das ist die Erfahrung des amerikanischen Eheberaters James Dobson. Der gläubige Christ hat unzählige Paare beraten, auch in verschiedenen Rundfunksendungen. In seinem Buch „*Love must be tough*"[45] erzählt er davon. Seine Erfahrung: Der betrogene Partner oder die Partnerin versucht oft, das Fremdgehen zu ertragen, zu dulden, meist auch wegen der Kinder. Und natürlich in der Hoffnung, die Beziehung zu retten. Doch das Gegenteil sei der Fall: Die fremdgehenden Partner verlören auch noch das letzte bisschen Achtung vor dem Betrogenen. Dobsons dringender Rat: Dulden ist keine Lösung. Entwickeln Sie Selbstachtung. Nur dann besteht die Chance, dass Sie auch geachtet werden. Lassen Sie sich nicht behandeln wie einen Fußabtreter. Sie sind wertvoll. Sie schaffen das. Setzen Sie klare Grenzen. Machen Sie unmissverständlich deutlich, dass Sie die Außenbeziehung nicht tolerieren. Nennen Sie ein konkretes Datum, an dem Sie sich trennen werden, wenn das nicht beendet werden sollte.

Unsere erste eigene Wohnung in Heidelberg, wir waren frisch verheiratet und studierten beide noch. Eine wunderbare alte Stadtvilla unterhalb des Schlosses mit Blick auf den Neckar, wir hatten dort eine Souterrainwohnung. Die Vermieterin war sehr traurig. Schon als wir den Mietvertrag abschlossen, klagte sie uns ihr Leid. Der Mann hatte sie nach 20 Jahren Ehe wegen einer Jüngeren verlassen. Sie war ganz verzweifelt.

Einige Zeit später erzählte sie uns, sie habe sich zu einer Reise nach Russland angemeldet. Eine Studienfahrt mit einer netten und interessanten Gruppe. Ihrem Mann habe sie das gar nicht erzählt. Der müsse das nicht wissen. Sie würde sich jetzt abgrenzen und ihm nicht mehr hinterherlaufen.

Erfüllt und beschwingt kam sie von der Reise zurück. Fing an, mehr und mehr ihr Leben zu organisieren, wurde immer selbstständiger. Eines Tages leerte ein Mann draußen vor dem Haus die Mülleimer. Er stellte sich uns als der Ehemann vor. „Ich bin das schwarze Schaf", sagte er. Er sei wieder bei seiner Frau eingezogen.

Die erzählte uns später: „Es war genau richtig, dass ich nach Russland gereist bin und er nicht wusste, wo ich war. Und auch als ich wieder hier war, bin ich auf Distanz geblieben. Ich habe gemerkt, ich komme alleine klar. Komisch, irgendwie wurde ich auf einmal wieder für ihn interessant." Die beiden pflegten wieder ihre gemeinsamen Interessen, einmal luden sie uns ins Konzert im Mannheimer Rosengarten ein. Sie wirkten glücklich und mit sich im Reinen.

Klare Kante zeigen, Grenzen setzen, das gilt übrigens auch für Ehen, in denen einer suchtmittelabhängig ist.

Die Frau war mit ihrem 13-jährigen Sohn bei mir. Sie arbeitete als Krankenschwester, nebenbei pflegte sie zu Hause noch die alte Mutter des Mannes. Der Mann war alkoholabhängig. Immer wieder versprach er ihr aufzuhören, aber es wurde immer schlimmer. Schon morgens zitterten seine Hände, bis er eine Flasche Bier getrunken hatte. Oft konnte er nicht zur Arbeit gehen. Sie deckte ihn dann und meldete ihn krank. Überall fand sie versteckte Schnapsflaschen. Statt ihr mit der Pflege seiner Mutter zu helfen, soff er und wurde dann ausfallend. „Ich halte das nicht mehr aus", sagte sie. „Das wird mir alles zu viel. Immer wieder verspricht er mir aufzuhören, aber ich glaube ihm nicht mehr. Ich überlege, mich zu trennen."

Tatsächlich ist die Trennung von einem suchtmittelabhängigen Partner oft die einzige Rettung – für beide. Drohungen helfen überhaupt nicht. Oft werden Männer erst aktiv, wenn die Frau aus-

> Oft ist Trennung von einem suchtmittelabhängigen Partner die einzige Rettung – für beide.

zieht und der Mann spürt, dass es ihr ernst ist. Genau so war es auch in diesem Fall. Die Frau zog mit ihrem Sohn in eine eigene Wohnung. Ein paar Monate später war sie wieder bei mir. „Mein Mann ist jetzt trocken und geht in eine Selbsthilfegruppe. Er möchte, dass ich wieder bei ihm einziehe. Er hat sich wirklich geändert. Hat sich auch die ganze Zeit um seine Mutter gekümmert und will mich unterstützen. Zum ersten Mal würdigt er, was ich da alles gemacht habe. Ich glaube wir können das schaffen." Die Familie kam wieder zusammen.

Hoffnung für kaputte Ehen

Vor einiger Zeit bekam ich einen Brief. Eine Frau schrieb mir: *Ob Sie sich noch an uns erinnern? Wir saßen als „Streithähne" öfter bei Ihnen in der Beratung. Inzwischen ist viel Zeit ins Land gegangen. Wir haben uns als Paar wieder neu entdeckt und genießen, nachdem beide Kinder aus dem Haus sind, unsere Zweisamkeit. Gerade sind wir dabei, unsere Silberhochzeit zu organisieren. Wir werden am Nachmittag mit einem Dankgottesdienst beginnen und dann hoffentlich lange weiterfeiern. Dass wir dieses Fest feiern können, verdanken wir auch den Gesprächen mit Ihnen. Vielen Dank für Ihre Geduld, Ihr Zuhören. Wir halten fest an unserem Trauspruch aus Psalm 33: „Wir hoffen auf den Herrn. Er hilft und beschützt uns, wir vertrauen ihm, denn auf ihn ist Verlass."*

Mir kamen die Tränen, als ich diesen Brief las, und ich habe mich geschämt. Denn nur zu gut konnte ich mich an dieses zerstrittene Paar erinnern. Sie beklagten sich ständig übereinander und kamen aus dieser Spirale kaum raus. Ich fühlte mich manchmal mit meiner Weisheit am Ende und fand mich gar nicht geduldig. Wenn mich damals einer gefragt hätte, ich hätte für diese Ehe nicht mehr viel gegeben. „Siehst du", sagte mein Mann, „du mit deinem Kleinglauben." Ja, in der Tat, so war es. Dass die beiden dann ihre Silberhochzeit feierten, war in meinen Augen ein Wunder Gottes. Und ich denke, dass auch ihr gemeinsamer Glaube ihnen den Mut gegeben hat, nicht aufzugeben. Es als Chance zu sehen, dass die Kinder aus dem Haus waren, und diese Chance für sich als Paar zu nutzen. Und nun können sie ihre Zweisamkeit „genießen". Wie schön, dass die Frau in ihrem Brief dieses Wort benutzt: voller Sinnlichkeit und Lebensfreude.

Die beiden haben erlaubt, dass ich ihre Geschichte erzähle. Denn sie wollen anderen weitergeben: In die eigene Ehe investieren lohnt sich. Es kann ein Happy End geben, mit Gottes Hilfe.

Social Media brauchen Grenzen

Jugendliche und Smartphones

Wenn ich mit Mira über Social Media rede, kommt es mir vor, als spräche sie Chinesisch. Da wird gechattet, gesnappt, gelikt, man trifft sich in *Fandoms* und *Communitys*. Die 14-jährige Tochter meiner Freundin ist auf vielen Kanälen unterwegs: etwa auf *Wattpad* für Fan-Fiction. Da kann man Romanen oder Filmen ein neues Ende verpassen, glücklicher, trauriger, lustiger. Mira ist da ganz kreativ, sie hat einen neuen Schluss für die Serie *Buffy the Vampire Slayer (Im Bann der Dämonen)* geschrieben. Da hat sie 490 Views und 26 Votes bekommen, also 490 Aufrufe und 26 Ja-Stimmen. Auf Wattpad können die User auch selbst ein Buch schreiben. Mira folgt zudem dem YouTube-Kanal *dagilb_lbh* (lets build Hogwarts), einem Harry-Potter-Spiel. Und sie gehört zum *Fandom* von Harry Potter – also zur Fangruppe. Um Musik zu hören, hat sie *Spotify* und *Deezer* abonniert. Außerdem ist sie bei *WhatsApp, Instagram, Pinterest, Snapchat, TikTok* und *Twitter,* wie ihre Freundinnen. Sie stellen Kurzfilme und Fotos online, kommentieren, verabreden sich. Chatten per Whats-App parallel zum Online-Unterricht.

Mir brummt der Kopf. Das toppt meine Erfahrungen mit meinem Instagram-Kanal *luilacht* bei Weitem. Anfangs wusste ich nichts. Was ist ein „Feed", eine „Story", und was bitte heißt: „Link in der Bio"? Anleitungen, wie man zum Beispiel seine Fotos verbessert oder mehr Follower gewinnt, sind für mich bis heute unverständlich. Mira dagegen beherrscht die Mixtur aus Englisch und Fantasiesprache mühelos. Switcht auf ihrem iPad von einem Format zum anderen, lässt überall ein paar Likes da.

Brauchen Teenager wie Mira Grenzen für ihren Social-Media-Konsum? Der Hirnforscher Manfred Spitzer findet, dass Kinder zu früh digitale Medien nutzen. Das führe zu Aufmerksamkeitsstörungen und bei manchen zu Sucht. Außerdem bewirkten Smartphones bei jungen Menschen signifikant erhöhte Kurzsichtigkeit. Denn sie gingen weniger bis wenig nach draußen und guckten dementsprechend kaum in die Ferne. Ihre Augen fixierten nur den Bildschirm in der Nähe, und das schade der Entwicklung des Sehvermögens.[46] Viele Jugendliche würden zudem übergewichtig, weil sie sich zu wenig bewegten. Je mehr Stunden Jugendliche vor Bildschirmen verbrächten, desto weniger Zeit bleibe für reale Kontakte – und desto weniger Mitgefühl entwickelten sie.[47]

Müssen Eltern da gegensteuern? Was sagen Miras Eltern zu ihrer Social-Media-Nutzung? Mira hat ihr Smartphone zu ihrem 13. Geburtstag bekommen, ihr iPad ein Jahr später zu Weihnachten. „Meine Mutter hat davon keine Ahnung, sie sagt immer: Lass mich bloß damit in Ruhe", sagt Mira, „Papa kennt sich schon eher damit aus. Meine Eltern kontrollieren nicht, was ich im Netz mache, sie vertrauen mir."

Tatsächlich haben viele Eltern keinen Überblick darüber, was ihre Kinder mit ihren Smartphones tun. Ich hatte Konfirmandenunterricht gegeben. In der Pause standen mehrere meiner Konfis in der Küche des Gemeindehauses, starrten fasziniert auf ein Smartphone und kicherten. Als ich dazukam, hielten sie es mir vor die Nase: „Frau Parasie, gucken Sie mal." Auf dem Bildschirm war ein pornografisches Foto zu sehen. Ich glaube, sie wollten mich ein bisschen provozieren und mal testen, wie ich reagiere. Was sollte ich machen? Ich blieb cool und sagte nur: „Leute, mit solchen Fotos versaut ihr euch doch bloß eure Fantasie."

Als ich dieses Erlebnis einige Zeit später beim Elternabend ansprach, zeigten sich die Eltern hilflos. „Was die Kinder sich da alles runterladen, das können wir nicht kontrollieren", hieß es.

Ich baute das Thema Smartphones und Sex dann ein paar Wochen später in meine Konfirmationspredigt ein und war darauf gefasst, dass es hinterher Beschwerden geben würde. Konfirmation ist schließlich so ein feierliches Ereignis, wer will da was über Sexfotos auf dem Smartphone hören? Aber das Gegenteil war der Fall. Selten habe ich so viele dankbare Rückmeldungen auf eine Konfirmationspredigt bekommen, nach dem Motto: Gut, dass den Kindern das mal gesagt wurde. Ich glaube, viele Eltern und Großeltern haben diffuse Ängste und Befürchtungen, was den Smartphonegebrauch ihrer Kinder angeht. Aber es besteht eine große Unsicherheit, darüber zu reden. Praktisch, wenn man das an die Pastorin delegieren kann. Viele sind ihren Kindern im Umgang mit der Technik zudem unterlegen, und sie wollen auch nicht als Spießer dastehen, die alles verbieten.

Meine Konfis sind übrigens keine Einzelfälle, wie eine Studie der Universitäten Münster und Hohenheim zeigt:

Nach einer repräsentativen Befragung hat fast die Hälfte der 1 048 befragten 14- bis 20-Jährigen angegeben, „Hardcore-Pornografie" gesehen zu haben. Bei der jüngsten Teilgruppe, den 14- und 15-Jährigen, ist es immerhin ein Drittel.

Das durchschnittliche Alter für solche Erstkontakte lag bei 14,2 Jahren. Die Studie zeige zugleich, dass sie früher stattfinden. So gehe aus den Angaben der 14- und 15-Jährigen hervor, dass sie im Durchschnitt erst 12,7 Jahre alt waren, als sie erstmals Pornografie im Netz sahen. Der Zugang erfolge zu 70 Prozent über Laptop, Computer oder Smartphone.[48]

Und was können Eltern tun, um ihre Kinder zu schützen? Hilfreiche Infos und Tipps finden Interessierte und Ratsuchende bei der Fachstelle *Return* in Hannover[49]. Etwa folgende Empfehlungen:

1. Autorität: Verbindlich vereinbarte Bildschirmzeiten setzen (gegebenenfalls mit Zeitbegrenzungs-App oder Filtersoftware)
2. Authentizität: Gemeinsame Regeln und vereinbarte Zeiten als Eltern selbst einhalten
3. Verständnis: Interesse für die digitalen Aktivitäten zeigen, gegebenenfalls sogar mit den Kindern mitspielen
4. Wertschätzung: Auch Eltern sollten beim Essen und bei Unterhaltungen Vorbild sein und keine Bildschirm-Medien nutzen. Das Kind braucht die ungeteilte Aufmerksamkeit.

5. Gemeinsame Aktivitäten: Gesellschaftsspiele, Sport, Ausflüge
    oder Spaziergänge für die ganze Familie unternehmen. Bildschirm-
    Medien sind in dieser Zeit tabu – für alle.
6. Augenmaß: Die Verfügbarkeit von Bildschirm-Medien gemäß dem
    kindlichen Entwicklungsstand und der individuellen Reife maßvoll
    erweitern.[50]

Wir machten Sommerurlaub in Südtirol. Frühstück und Abendessen gab
es auf einer großen Terrasse am See. Familien mit Kindern und Jugendlichen saßen um uns herum. Viele der Eltern und ihre Kinder hatten ihre
Smartphones mit am Tisch und waren die meiste Zeit damit beschäftigt.
Sie guckten sich kaum an und sprachen auch wenig miteinander. Die
größten Kommunikationsanteile hatten die Kellnerinnen und Kellner, bei
denen man das Essen bestellte. Wenn die Jugendlichen dann vom Essen
aufstanden und an den See gingen, wurden zuerst Selfies gemacht und
gepostet. Und hinterher wurde weiter auf den Bildschirm geguckt: Da
musste man ja die Likes zählen.

Nur eine Familie mit zwei Söhnen, etwa 10 und 12 Jahre alt, fiel völlig aus dem Rahmen. Beim Essen unterhielten sie sich angeregt. Keiner
hatte ein Smartphone dabei. Die Jungs schlossen Freundschaft mit den
Kellnern – denn deren Aufgabe war es u. a., die Kois im Teich zu füttern.
Das wollten die beiden gerne übernehmen. Stundenlang lagen sie bäuch-
lings auf der Holzbrücke, die über den Teich führte, fütterten und be-
obachteten die Fische. Der Vater ging mit seinen Söhnen Ruderboot
fahren und schwimmen, mit der Mutter übten sie Stand-up-Paddling.
Die Familie machte zusammen Wanderungen und Radtouren. Ich kam
mit der Mutter ins Gespräch. „Mir ist es ganz wichtig, dass wir uns beim
Essen unterhalten", sagte sie, „dass sie erzählen können, was sie erlebt
haben, was sie beschäftigt. Smartphones haben die beiden noch gar
nicht." Stattdessen wachsen sie fließend zweisprachig auf, denn die
Mutter ist Amerikanerin.

„Fairer als das echte Leben"

Allerdings ist das Netz inzwischen für viele ein Raum, in dem sie sich selbstverständlich aufhalten. Deshalb, so meint der Benediktinerpater und Buchautor Maurus Runge, müssten Christen und Kirche dort präsent sein und den Glauben bezeugen. Wie man sich im Netz präsentiere, so sei man oft auch als Person „in echt". Runge möchte deshalb nicht so stark zwischen virtuell und real unterscheiden.[51]

Tatsächlich gehen bei Jugendlichen reale und virtuelle Welt oft ineinander über. Sie haben viele Kontakte, in der Schule, beim Sport. Mit denen sind sie zugleich in den sozialen Medien verbunden. Während ich mit Mira spreche, ploppen immer wieder Nachrichten ihrer Freundinnen auf ihrem iPad auf. In der Zeit des Lockdowns während der Coronazeit 2020/2021 wurde diese Art des Kontakts noch mal wichtiger. Zudem verschwammen durch den digitalen Unterricht die Grenzen zur realen Welt noch mehr – manche Kinder saßen fast den ganzen Tag an ihren Tablets oder Smartphones. Und die Väter und Mütter wussten und wissen nicht: Machen sie jetzt Hausaufgaben, chatten sie mit ihren Freunden, surfen sie im Netz, machen sie Spiele? Bei einer meiner Freundinnen gab es nach einem halben Jahr ein böses Erwachen: „Mein Sohn ist in allen Schulfächern total abgerutscht. So schlechte Noten hatte er noch nie. Ich hatte mich darauf verlassen, dass er gewissenhaft seine Aufgaben am PC erledigt. Aber stattdessen hat er da alles Mögliche gemacht, nur nichts für die Schule." Meine Freundin überlegt sich jetzt, wie sie klarere Regeln und Grenzen für die Bildschirmzeit einführen kann.

Für Jugendliche, die unter Gleichaltrigen eher ausgegrenzt werden, können Computerspiele auch eine soziale Funktion haben. Das hat Moritz Becker beobachtet. Der 43-Jährige ist Sozialarbeiter bei *smiley e. V.*[52], einem Verein, der Schulungen für Medienkompetenz gibt. Ein Schüler habe ihm mal gesagt: „Computerspiele sind fairer als das echte Leben."

Man würde ja oft aussortiert, wenn man keine angesagten Klamotten trage oder schlecht in der Schule sei. Aber im Online-Spiel, in dem die Teilnehmenden in ihrer Rolle gemeinsam etwas erleben, seien alle gleich. Becker berichtet von einem weiteren Jungen, der stark stotterte. „In der Schule wurde oft über ihn gelacht. In Onlinespielen jedoch fand er eine Gemeinschaft, in der er dazugehörte. Interessanterweise hat er dort nicht gestottert und fand sogar eine Freundin. Die Beziehung hielt dann auch in dem, was wir reales Leben nennen."

Mira meint: „Ich finde, in den Communitys und Fandoms sind die Leute eher sie selbst. Die fühlen das Gleiche wie ich, da kann ich ehrlich sein. Fühle mich geschützt, verbunden durch die gleichen Interessen. Im echten Leben tragen doch viele eine Maske."

Anerkennung ist das A und O

Stehen junge Menschen in Gefahr, auf Social Media falschen Idolen hinterherzujagen? Becker sagt: „Stellen Sie sich ein Mädchen vor, 13 Jahre, die Eltern trennen sich. Zu Hause wird rumgeschrien, sie hat Stress in der Schule, schläft schlecht. Sie wünscht sich Wertschätzung. Vielleicht bekommt sie diese für Selfies auf Instagram, genießt die Komplimente, die ihr sonst nicht wichtig gewesen wären. Das kann gefährlich werden, wenn sie auf Menschen reinfällt, die wissen, wie sie jetzt durch Komplimente manipulierbar ist. Dann verschickt sie womöglich auf Aufforderung Bilder, die sie sonst für sich behalten hätte. Deshalb: Je mehr Kinder und Jugendliche wertgeschätzt werden im echten Leben, desto weniger anfällig sind sie für so was." Anerkennung ist also das A und O, damit Jugendliche selbstbewusst werden und lernen, Grenzen zu ziehen, egal ob im virtuellen oder im realen Leben.

Auch manche bedürftige Erwachsene auf Instagram scheinen dafür offen zu sein, sich durch Komplimente manipulieren zu lassen. Ich wundere mich: Zehn neue Follower auf meinem Instagram Account. Alles Männer. Sie sind Singles, Witwer, alleinerziehend und posten in markanten Posen. Schicken mir Liebeserklärungen, obwohl offensichtlich ist, dass ich verheiratet bin. Etwa diese: „Wooh, du siehst sehr schön und charmant aus, meine Königin. Ich liebe dieses schöne Bild von dir." Das schreiben sie vermutlich noch 500 anderen. Vielleicht reagieren zwei einsame Herzen darauf – und fallen dann auf einen Mann mit verquerem Frauenbild rein oder auf eine schmutzige Geschäftsidee.

Und was können Eltern, Paten, Großeltern tun? Aus der Sicht von Hirnforscher Manfred Spitzer machen Miras Großeltern alles richtig. Wenn Mira und ihre jüngere **Am Esstisch keine Handys.** Schwester dort zu Besuch sind, gilt die Regel: Am Esstisch keine Handys.

Das wird auch fraglos respektiert. Nachmittags spielen die Mädels mit den Großeltern, *Mensch ärgere dich nicht* zum Beispiel. Was Mira auch cool findet: alte Fotoalben ansehen. Dann erzählen die Großeltern von früher. Und wer weiß, vielleicht schreibt Mira darüber ja irgendwann mal eine Geschichte auf *Wattpad.*

Mutig in eine freie Zukunft

Ein kleines Trainingsprogramm
zum Grenzen ziehen

Wie funktioniert das denn nun praktisch mit dem Grenzen ziehen? Wie sage ich zum Beispiel meinem Chef, dass ich keine Überstunden mehr machen will? Oder meiner Mutter, dass ich sie nicht mehr drei Mal, sondern nur noch einmal die Woche besuchen möchte? Wie sage ich es so, dass es auch ankommt?

Wir stellen hier **11 Schritte** vor, die helfen, diesen Vorsatz umzusetzen.

1. Sag zwei Mal Ja und übe diese Haltung ein:
   Ja zu dir selber, zu deinen Wünschen und zu deinen Grenzen.
   Und Ja zu deinem Gegenüber. Er – oder sie – darf Ansprüche haben. Aber du bist nicht dafür zuständig, sie alle zu erfüllen.

2. Mal dir aus, wie du dich besser fühlen wirst, wenn du diese Grenze gezogen hast.
   Wo eröffnen sich neue Freiheiten? Was wirst du stattdessen tun?

3. Besprich dein Vorhaben mit einer Person, die dir den Rücken stärkt.

4. Formuliere vor dem Gespräch deine zentrale Aussage, und zwar mit positiven Sätzen.
   Sag, was du willst. Da steckt viel mehr Kraft drin als in dem, was du nicht willst. „Ich möchte weiter mit Freude hier arbeiten. Die vereinbarten Stunden sind genau richtig für mich. Überstunden sind mir jedoch zu viel. Ich möchte in Zukunft bei den verabredeten Stunden bleiben." – „Ich komme dich gerne besuchen und werde mir ab jetzt verlässlich einmal in der Woche dafür Zeit nehmen."

Sag, was du willst.

5. Sprich deine zentrale Botschaft mehrmals laut und kraftvoll aus, bevor du das Gespräch führst.
   Geh in dieser Stimmung in das Gespräch.

6. Nimm eine aufrechte Körperhaltung ein, schon bevor du den Raum betrittst.
   Die Schultern zurück, der Rücken gerade, der Kopf erhoben. Atme ruhig und entspannt.

7. Setz oder stell dich auf Augenhöhe mit deinem Gegenüber und sieh ihm in die Augen. Freundlich und bestimmt.

8. Führe keinen langen Small Talk, sondern komm zügig zu deinem Anliegen.

9. Begründe dein Anliegen kurz, wenn du willst.
   „Ich möchte mehr Zeit für meine Familie haben." Aber fang nicht an, dich in Details zu verzetteln oder dich zu rechtfertigen.

10. Schlag eventuell Alternativen vor.
    „Frau Müller würde gerne mehr arbeiten. Vielleicht könnte sie ein paar Stunden von mir übernehmen." – „Wenn du möchtest, helfe ich jemanden vom Besuchsdienst zu organisieren, der regelmäßig vorbeikommt."

11. Und wenn du es geschafft hast: Belohn dich!
    Vielleicht mit etwas, das dich an deinen Erfolg erinnert und dir hilft dranzubleiben. Eine neue Uhr. Eine Kamera, um deine neue Freiheit zu feiern und diese glücklichen Momente zu teilen. Richtig tolle Schuhe für ein selbstbewusstes Auftreten. Ein todschickes Kleid, das eine Ansage ist: Wow! Hier komme ich.

Gott setzt Grenzen

Ist Jesus hartherzig?

Antoine de Saint-Exupéry hat einmal gesagt: *„Nichts, was einem selbst geschieht, ist unerträglich."*[53] In der Tat: Menschen können viel ertragen. Aber mitansehen zu müssen, wie zum Beispiel das eigene Kind leidet und sich zugrunde richtet, das ist oft kaum auszuhalten.

So ging es einer Frau, von der im Markusevangelium berichtet wird.[54] Es ist um das Jahr 30, in einem Gebiet nördlich von Israel. Heute würde es zum Libanon gehören, damals war es – wie Israel auch – Teil des Römischen Reiches, trug den Namen Syrophönizien. Jesus hatte sich vorübergehend hierhin zurückgezogen, ins Ausland. Hier tritt ihm eine Frau in den Weg, eine Einheimische, eine Mutter. Sie überfällt Jesus mit ihrer Verzweiflung. Ihre Tochter ist sehr krank, und Jesus soll ihr bitte helfen. Sie hat gehört, dass seine Predigten direkt ins Herz gehen und dass er Kranke heilen kann. Darauf hofft sie. Sie fleht ihn an.

Ich stelle mir ihre Situation aus heutiger Sicht vor: Die Frau versteht ihre Tochter nicht mehr. Wie die 16-Jährige sich verhält, das ist selbstzerstörerisch. Sie kleidet sich nur noch schwarz. Schwarzer Nagellack, Piercings an der Nase, Tattoos an den Armen. Sie hört schreckliche Musik, eigentlich ist es eher Geschrei, durch die Ohrstöpsel dröhnen die Bässe. Sie schwänzt die Schule, hängt mit seltsamen Typen rum. Kommt mitten in der Nacht nach Hause und schließt sich stundenlang in ihrem Zimmer ein. Es ist überhaupt nicht an sie ranzukommen. Wenn die Mutter mit ihr reden will, heißt es: „Hör auf mit deinem Psychogesülze." Das ist doch keine normale Pubertät, das ist krank. Die Tochter scheint wie getrieben, wie von bösen Geistern besessen. Und je mehr die Mutter sich um sie bemüht, desto mehr macht die Tochter zu. Dabei hat die Frau doch immer alles für dieses Kind getan. Der Vater hatte sich schon vor Jahren abgesetzt, alles hängt an ihr. Sie hat niemanden, mit dem sie ihre

Sorgen teilen kann. Außerdem schämt sie sich, sie kommt sich als Versagerin vor, als pädagogischer Totalausfall. Sie weiß einfach nicht mehr weiter. Jesus muss helfen, er kann es auch, das glaubt sie ganz fest.

Aber Jesus will gerade mal niemanden sehen und hören. Deshalb hat er sich ja ins Ausland abgesetzt, für eine Auszeit. Das kann die Frau nicht akzeptieren. Da ist sie endlich zu Jesus vorgedrungen, ist in höchsten Nöten, und dann will der seine Ruhe! Man kann sie ja verstehen. Aber ihr Verhalten ist vielleicht auch ein Hinweis darauf, was in dieser Familie los ist: die Schwierigkeit, Grenzen zu akzeptieren.

Die Antwort von Jesus an die Frau ist unerhört schroff und abgrenzend: *Lass zuerst die Kinder satt werden! Es ist nicht recht, den Kindern das Brot wegzunehmen und es den Hunden vorzuwerfen.*[55]

Ich konzentriere mich in meinem Wirken auf die Menschen aus Israel, sagt Jesus, du aber bist Ausländerin, hast einen anderen Glauben und gehörst nicht dazu. Was für ein krasses Statement. Hunde sind sie und ihre kranke Tochter? Hunde, nur weil sie keine Israeliten sind? Man reibt sich verwundert die Augen und fragt sich: Jesus? Wie hartherzig ist das denn? So kennt man Jesus gar nicht.

Umso wichtiger ist es, genau hinzuhören. Denn dieser radikale Satz enthält eine wichtige Botschaft für die Frau. Mein Auftrag ist begrenzt, sagt Jesus. Gerade geht es zuerst um etwas anderes. Ob die Frau jetzt vielleicht ein Aha-Erlebnis hat? Selbst Jesus hat Grenzen, um wie viel mehr also sie. Ja, auch ihre Verantwortung als Mutter hat Grenzen.

Die Erwiderung der Frau ist genial. Sie lässt sich nicht abschrecken von den schroffen Worten. Eine Kämpferin. Sie steigt auf das Bild ein – und zeigt damit, dass sie tatsächlich etwas Wesentliches begriffen hat. Sie respektiert nämlich die von Jesus aufgerichtete Grenze – hier die Kinder, da die Hunde. Doch gerade darin findet sie dann auch die Lösung: Die Hunde gehören doch auch zum Haus. Und sie bekommen immer die Krümel, die unter den Tisch fallen. Das, was die Kinder nicht wollen. Ein paar

Krümel würden ihr ja genügen. Jesus, du musst dich gar nicht weiter mit mir befassen. Kümmre dich um deine Israeliten und lass mir einfach die Krümel. Was für eine umwerfende Mischung aus Demut und Dreistigkeit.

Ich glaube, Jesus hat jetzt einen Wow-Moment. Er ist beeindruckt. Er spürt: Die Frau hat etwas begriffen. Sie wird Konsequenzen aus dieser Begegnung ziehen, die auch sie selbst betreffen. *„Da hast du recht"*, sagte *Jesus zu ihr. „Du kannst gehen. Der Dämon hat deine Tochter verlassen."*[56]

Ein Wunder, ja. Vielleicht sogar mehr an der Mutter als an der Tochter. Der Theologe Eugen Drewermann schreibt in seiner tiefenpsychologischen Auslegung des Markusevangeliums: *„Es ist sehr gut möglich, dass diese Frau, mit einem solchen Wort im Ohr und mit einem solchen Gefühl im Herzen, vollkommen anders zu ihrer Tochter zurückging und schon deswegen auch ihre Tochter anders vorfand, als sie sie zurückgelassen hatte. Denn eine Frau hat eine andere Tochter, je nachdem, inwieweit sie selber Angst hat oder nicht."*[57]

Dass Jesus sich so schroff abgrenzt – gerade darin lag womöglich ein zentraler Lerneffekt für diese besorgte Mutter. Auch ihr tut es gut, wenn sie sich begrenzt. Sie ist nicht nur für ihre Tochter zuständig, sondern auch für ihre eigenen Ziele und Pläne.

Generell müssen Kinder von klein auf lernen, die Verantwortung für ihr Handeln schrittweise immer mehr selbst zu übernehmen und die Folgen zu tragen. Und bald brauchen sie nicht mehr die volle Dosis elterlicher Fürsorge, sondern nur noch Krümel.

Ich habe viel gelernt im Seminar einer Familientherapeutin, die uns einschärfte: Wenn es den Müttern gut geht, geht es auch den Kindern gut. Wenn Mütter gut mit sich selbst umgehen und gelassen in die Zukunft blicken, werden sie auch ihren Kindern das Gefühl vermitteln: Du bist okay, und du schaffst es. Ich traue dir zu, dass du klarkommst.

Wenn es den Müttern gut geht, geht es auch den Kindern gut.

Übrigens, auch heutige Mütter können Jesus um die Krümel von seinem Tisch bitten. Es entlastet so sehr, ihm die Kinder anzubefehlen. Was von seinem Tisch fällt, ist Brot des Lebens. Und wer davon auch nur einen Krümel erwischt, der gehört doch ganz dazu.

Was hindert Menschen am Leben?

Haben Sie schon mal von den Collyer-Brüdern gehört? Am Anfang des letzten Jahrhunderts lebten Homer und Langley Collyer in New York. Sie hatten ein altes Stadthaus geerbt. Über die Jahre sammelte der jüngere Bruder Langley Collyer eine enorme Menge Schrott, alte Zeitungen und andere Gegenstände, mit denen er alle Räume des Hauses anfüllte. In dem Müll legte er ein labyrinthisches Gängesystem an, mit diversen Fallen und Sicherungsmechanismen. Das Haus verwahrloste zunehmend. Die Brüder gingen nicht zur Arbeit und zahlten keine Rechnungen. Sie isolierten sich sozial komplett. Homer erblindete schließlich nach und nach. Sein Bruder Langley versorgte ihn. Irgendwann meldete einer der Nachbarn der Polizei, aus dem Haus ströme Verwesungsgeruch. Die Polizei musste sich mühsam durch die Tunnel und engen Gänge aus Müll arbeiten. Schließlich fand man die Leichen beider Brüder. Langley war von einem Stapel Zeitungen und einem alten Koffer erschlagen worden, als er seinem Bruder das Essen bringen wollte. Der, hilflos und blind, fand nicht aus dem vermüllten Haus heraus und war verdurstet.

Nach dem Tod der Brüder trug die Polizei 103 000 Kilo Müll aus dem Haus.

Grenzen sind gut und hilfreich – aber es ist tragisch, wenn man sie an der falschen Stelle zieht. Die Collyer-Brüder grenzten sich nicht von ihrem Haus und Besitz ab, nicht voneinander, nicht von ihrer Vergangenheit. Sie erfanden stattdessen ein irres System der Abkapselung nach außen. Und dadurch beschnitten sie sich aller Möglichkeiten. Sie stammten aus einer gebildeten Familie, waren intelligent und reich. Aber sie konnten nicht loslassen und verhinderten ihr Leben.

Gott setzt Grenzen, weil Menschen oft nicht das richtige Maß finden. Weil sie häufig an der falschen Stelle Grenzen setzen und sich damit selbst ausbremsen. Die Geschichte der Collyer-Brüder zeigt das im Extrem. Sie gehen an falscher Grenzziehung zugrunde.

> **Gott setzt Grenzen, weil Menschen oft nicht das richtige Maß finden.**

Wie finden wir die richtige „Dosierung"?

Die Sehnsucht nach erfülltem Leben, nach Grenzen an der richtigen Stelle, ist groß. *„Das kann doch nicht alles gewesen sein. Da muss doch noch Leben ins Leben hinein"*, singt Wolf Biermann.

Was hindert Menschen am Leben? Was bremst sie, ihre Möglichkeiten auszuschöpfen, ihre Gaben zu entwickeln, über sich hinauszuwachsen? Wo setzen sie Grenzen zu eng, begrenzen sich in ihrer Entfaltung?

Es gibt viele Arten zu verhindern, dass Leben ins Leben hineinkommt.

Jesus führt im Lukasevangelium drei kurze seelsorgerliche Gespräche mit verschiedenen Leuten. Darin zeigt er typische Problemfelder auf, wie Menschen Grenzen falsch setzen und wie die Lösung aussehen könnte. Die Gespräche stehen in Lukas 9,57–62.

Als sie weitergingen, wurde Jesus von einem Mann angesprochen. „Ich will dir folgen, wohin du auch gehst", sagte er. Jesus erwiderte: „Die Füchse haben ihren Bau und die Vögel ihre Nester; aber der Menschensohn hat keinen Ort, wo er sich ausruhen kann."

Zu einem anderen sagte Jesus: „Folge mir nach!" Er aber antwortete: „Herr, erlaube mir, zuerst noch nach Hause zu gehen und mich um das Begräbnis meines Vaters zu kümmern." Jesus erwiderte: „Lass die Toten ihre Toten begraben. Du aber geh und verkünde die Botschaft vom Reich Gottes!"

*Wieder ein anderer sagte: „Ich will dir nachfolgen, Herr; doch erlaube mir,
dass ich zuerst noch von meiner Familie Abschied nehme."Jesus erwiderte:„Wer
die Hand an den Pflug legt und dann zurückschaut, ist nicht brauchbar für
das Reich Gottes."*

Was hindert Menschen am Leben? Drei Problemfelder, drei Vor-
schläge von Jesus. Zugegeben, auf den ersten Blick klingen sie alles andere als seelsorgerlich. Sondern hammerhart. Schockierend. Total be-
fremdlich. Man muss schon eine Schicht tiefer graben, um zu entdecken,
wie viel Menschenkenntnis darin steckt. Wie viel Weisheit und Wissen
darüber, was Menschen blockiert und bindet.

Der erste Tipp von Jesus:

Überschlag die Kosten

„Ich will dir folgen, wohin du gehst", sagt der erste Mann. Jesus hat Anziehungskraft. Ausstrahlung. Die Leute sind von ihm fasziniert. Er sagt be-
eindruckende Sachen, er macht Kranke gesund. Er ist überaus präsent,
eine Führungspersönlichkeit. Man spürt, dass er einen direkten Draht zu
Gott hat. Es ist schwer was los um ihn herum. Es ist „in", ihn zu kennen.
„Ich will auch dabei sein", sagt dieser Typ.

Man würde ja erwarten, dass Jesus sagt: „Super. Ich freu mich. Du hast
eine gute Wahl getroffen." – So funktioniert es ja meistens, wenn man
für irgendetwas erfolgreich geworben wurde. Und dann wird einem
schönfärberisch ausgemalt, was einen nun alles an erstrebenswerten Dingen erwartet. Auch bei der Kirche liegt das voll im Trend: Kirche muss
niederschwellige Angebote machen, heißt es momentan allerorten.

Nicht so Jesus. Fast schroff grenzt er sich ab. Was er sagt, ist überhaupt
nicht niederschwellig. Ist Spaßbremse pur: *„Die Füchse haben ihren Bau
und die Vögel ihre Nester. Aber der Menschensohn hat keinen Ort, an dem er
sich ausruhen kann."*

Klingt nicht nach „Haus erben und sich da nicht mehr wegbewegen".
Nicht nach Wellness und gemütlicher Sofaecke, nach sesshaft werden

und Güter ansammeln. Eher nach einem ziemlich unsteten Leben, nach
Unsicherheit. Schon wenig später im Bericht des Lukasevangeliums wird
es ganz und gar nicht mehr „in" sein, zu Jesus zu gehören. Es wird sogar
gefährlich sein. Und selbst ein Petrus wird leugnen, ihn zu kennen. Und
der hatte ja vorher auch vollmundig behauptet: Selbst wenn alle dich
verlassen, ich stehe zu dir!

Jesus zeigt klare Grenzen auf, und das klingt ziemlich
schockierend. Er sagt: Überschlag die Kosten. Christsein
als Trendfaktor, das ist nicht von langer Dauer.

> Christsein als Trendfaktor ist nicht von langer Dauer.

Ich bin inzwischen skeptisch, wenn Leute sich allzu
überschwänglich begeistert zeigen. Ein Kollege erzählte
mir: „Die Kirchenvorsteherin, die sich am stärksten dafür eingesetzt hat,
dass ich in die Gemeinde komme, die war hinterher am meisten gegen
mich."

Was hindert solche Menschen am Leben? Sie bauen keine wirkliche Beziehung auf, die Durststrecken aushält. Sie sind verliebt in ihr eigenes
idealisiertes Bild. Und oft blenden sie die dunklen Seiten aus, können mit
Scheitern nicht umgehen. Wenn der andere ihrem Bild nicht mehr entspricht, lassen sie ihn fallen. Wechseln immer dann die Seiten, wenn es
schwierig wird. Und bringen sich damit um tragfähige Beziehungen.

Sie waren mal Feuer und Flamme, haben begeistert mitgemacht in der
Kirchengemeinde. Doch bald merkten sie, vieles war mühsam, ihre Ideen
stießen auf Skepsis, es gab Streit, Verletzungen. Und gerade unter Christen, das schmerzt. Und dann haben sie sich abgewendet, und wenn sie
heute jemand auf Gott anspricht, legen sie sofort los mit ihrer Tirade,
lassen kein gutes Haar mehr an der Kirche.

ICH will dir folgen, sagt der Mann. Vielleicht fängt der Satz nicht
von ungefähr mit Ich an. Geht es ihm im Grunde nur um sich selber?

Es wird nicht alles wunderbar mit Jesus. Vieles wird auch schwerer. Es
kann passieren, dass einem der Boden unter den Füßen weggezogen wird.
Dass man merkt, man hat sich total überschätzt. Dass man nur noch

schreit wie der sinkende Petrus: Herr, hilf mir, ich versinke! In solchen Momenten spüre ich: Mein Glaube hängt allein daran, dass Jesus zu mir hält, nicht daran, dass ich zu ihm halte.

Darum grenzt Jesus sich ab und sagt klar, was die erwartet, die mit ihm gehen wollen. Und er empfiehlt ihnen: Überschlagt die Kosten!

Wenn ich Menschen in der Kirchengemeinde für die Mitarbeit gewinnen wollte, zum Beispiel für den Kirchenvorstand, dann habe ich ihnen klaren Wein eingeschenkt. Ich habe gesagt: „Alle acht Wochen einmal in den Gottesdienst und zehnmal im Jahr eine Sitzung, damit ist es nicht getan. Ich wünsche mir, dass die Kirchenvorsteherinnen und Kirchenvorsteher auch in den Gottesdienst kommen, wenn sie keinen Dienst haben.

Wenn Sie das Gefühl haben: Das sind 70% Aufwand und nur 30% bekomme ich zurück, dann sollten Sie es lassen.

Außerdem haben alle bestimmte Aufgaben entsprechend ihrer Gaben und Interessen: Verantwortung für die Gebäude, für unsere Glaubensseminare, für die Kinderarbeit, für den Friedhof. Das ist teilweise richtig viel Arbeit, und manchmal muss man auch Ärger aushalten. Aber wenn es gut läuft, bekommt man viel zurück: Kontakt mit netten Menschen. Eine Aufgabe, die sinnvoll ist. Man tut etwas für andere, für das Dorf. Der eigene Glaube wird vertieft."

Und wie soll man das nun entscheiden? Ich habe gesagt: „Wenn Sie das Gefühl haben: Das sind 70% Aufwand und nur 30% bekomme ich zurück, dann sollten Sie es lassen. Es sollte schon 60:40 stehen für das, was Sie davon profitieren." – Mit dieser klaren Ansage bin ich meist sehr gut gefahren. Und die Menschen mir gegenüber auch.

Lass die Toten

Das Gespräch mit dem zweiten Mann klingt ganz ungeheuerlich. Der hat gerade seinen Vater verloren. Am Morgen ist er gestorben, die Beerdigung musste nach jüdischem Brauch noch am gleichen Tag erfolgen und hatte

Vorrang vor allem anderen. Und nun fordert Jesus den Sohn des Verstorbenen auf, ihm nachzufolgen. Einen unpassenderen Moment hätte er sich
wohl kaum aussuchen können! Die Bitte des jungen Mannes ist doch nur
allzu verständlich: Erlaube mir, dass ich zuerst meinen Vater begrabe. Jesus
reagiert scheinbar taktlos und unsensibel. Kein Wort des Beileids. Stattdessen sagt er schroff:

*„Lass die Toten ihre Toten begraben. Du aber geh und verkünde die Bot-
schaft vom Reich Gottes."*[58]

Nun, zunächst mal muss man sagen, Jesus verabscheute die Beerdi-
gungsbräuche seiner Zeit: Geheul und Lärm der Klageweiber, eine
Zeremonie der Hoffnungslosigkeit. Das war wirklich, als
wenn Tote Tote begraben. Natürlich ist es wichtig, **Bei manchen**
Trauer zuzulassen und die Phasen der Trauer auch **Menschen wird**
durchzustehen.[59] Und es dauert mitunter lange, bis der **Trauer zum**
Dauerzustand.
Trauernde nach und nach dem Leben wieder Terrain
Sie erstarren darin.
abgewinnt. Das kostet viel Kraft und einfühlsame Begleitung. Bei anderen jedoch wird Trauer zum Dauerzustand. Sie erstarren darin, kreisen immer wieder um diesen Punkt und
finden nicht heraus, verhindern fortan ihr Leben. Noch nach Jahren
hadert man mit seinem Schicksal. Erzählt anderen davon mit einem
Unterton der Anklage, des Vorwurfs. Die sind oft genervt vom jahrelan-
gen Anhören immer derselben Geschichte. Das Zimmer der verunglück-
ten Tochter ist noch nach 15 Jahren eingerichtet wie zu ihren Lebzeiten
und darf für nichts anderes genutzt werden. Die Mutter geht zu keiner
Feier mehr. Sie kann nicht loslassen, keinen Frieden finden.

Andere können ihre Toten nicht lassen, weil Schuld mit im Spiel ist,
offene Rechnungen. Das schlechte Gewissen belastet sie, und deshalb
strafen sie sich selbst mit Dauertrauer. Sie können nicht glauben und
fühlen, dass Gott ihnen vergibt, und vergeben sich deshalb auch selbst
nicht. Oder andersherum: Sie können dem Verstorbenen nicht vergeben,
was er ihnen angetan hat.

„Lass die Toten ..." würde in diesem Fall bedeuten: Die Schuld des

Verstorbenen belasse ich bei ihm. Das muss er vor Gott verantworten, ich muss mich nicht damit herumquälen. Und was ich selbst schuldig geblieben bin, dafür kann ich um Vergebung beten, zum Beispiel mit dem Vaterunser: Vergib uns unsere Schuld wie auch wir vergeben unsern Schuldigern. – Dann gilt das. Und ist begraben und erledigt.

Es gibt einen Weg aus der Trauer und ins Leben. Darum sagt Jesus: Lass die Toten. Zieh eine Grenze.

Und das gilt auch für andere Bereiche in unserem Alltag. In der Wirtschaft redet man von *sunk costs*. Da hat jemand Geld ausgegeben, überflüssig, falsch, umsonst, und es kann nichts mehr daran geändert werden. Das zentrale Merkmal von diesen *sunk costs* ist, dass sie in der Gegenwart und in der Zukunft nicht mehr beeinflusst werden können, daher heißen sie „versunken". Es hat also keinen Sinn, weiter darüber zu grübeln, sich zu ärgern und Kraft hineinzustecken, man muss sich damit abfinden und nach vorne sehen. Wer sich mit dem Alten zu lange herumquält, ist wie tot. Tote, die Tote begraben.

Wir denken oft, Tote und Lebendige seien geschieden durch das Sterben: Wer im Grab liegt, ist tot, wer atmet und isst und herumläuft, ist lebendig.

Jesus aber sagt: Tote und Lebende sind geschieden durch den Glauben. Die in den Gräbern liegen, sind lebendig, wenn sie an Jesus geglaubt haben. Und die sie beerdigen, sind vielleicht Tote. Nicht das Sterben trennt Tote und Lebende, sondern der Glaube.

Jesus sagt: Tote und Lebende sind geschieden durch den Glauben.

Jesus setzt hier eine schroffe Grenze, ja. Lass die Toten! Aber er tut es, damit Menschen nicht festhängen und sich selbst behindern, sondern wieder neu hoffnungsvoll nach vorne gehen können. Und dann auch angemessen umgehen können mit dem Tod und den Verstorbenen.

Sieh nicht zurück

Der dritte Mann will Jesus nachfolgen, sich aber zuerst von seiner Verwandtschaft verabschieden. Das gehört sich ja wohl so. Aber Jesus entgegnet: *„Wer die Hand an den Pflug legt und dann zurückschaut, ist nicht brauchbar für das Reich Gottes.“*

Auch dieses eine krasse Grenze: Der darf sich nicht verabschieden? Aber was würde denn passieren, wenn der Mann zu seinen Eltern und Verwandten geht und ihnen sagt: „Leute, ich wollte euch nur Tschüss sagen, ich gehe ab jetzt mit Jesus.“ Vermutlich Diskussionen und Unverständnis: „Wie kann man denn die Eltern einfach alleine lassen und nur an sich denken? Und dann noch für so eine unsichere Zukunft! Du wolltest doch den Hof übernehmen“ oder: „Was ist mit deiner Karriere, willst du alles aufs Spiel setzen? Du ruinierst deine Aufstiegschancen“. Eltern sind nicht immer die hilfreichsten Gesprächspartner in puncto Glauben. „Musst du denn gleich so extrem sein?“, heißt es etwa. „Wir glauben ja auch, aber muss man denn immer in die Kirche rennen?“

Manche stecken zeitlebens in Abschiedsprozessen fest. Wie viel Kraft geht dabei drauf. Es hindert Menschen daran, ihr Potenzial auszuschöpfen, Ideen umzusetzen. Vor lauter Rücksicht versäumen sie es, nach vorne zu schauen.

Rück-sicht – zurücksehen. Hier soll nicht der Rücksichtslosigkeit das Wort geredet werden. Aber es gibt ein Zurücksehen, das Menschen bindet und festhält. Das bekannteste Beispiel ist Lots Frau. Als Sodom und Gomorrha untergehen, sieht sie zurück und erstarrt zur Salzsäule. Die Rettung lag greifbar nah, alle anderen aus ihrer Familie haben es geschafft, aber sie hielt am Alten fest. Ging lieber mit unter, als loszulassen. Wer ständig zurücksieht, erstarrt.

> **Vor lauter Rücksicht versäumen manche es, nach vorne zu schauen.**

Hermann Hesse sagt: *„Nur wer bereit zu Aufbruch ist und Reise, mag lähmender Gewohnheit sich entraffen. Wohlan denn, Herz, nimm Abschied und gesunde!“*[60]

Wenn jemand etwas als richtig erkannt hat, dann sollte er es tun, ohne lange zu fackeln. Denn es kann sein, wenn er es erst mit den Eltern und Verwandten diskutiert, dass er es dann für immer verpasst.

Unseren Freunden war klar geworden: Gott möchte, dass sie die christliche Studierendenarbeit in Chile aufbauen helfen. Jahrelang hatte unser Freund Uli andere ermutigt, als Christen im Ausland für Gott zu arbeiten, als Ärztinnen, Lehrerinnen, Dozenten. Bis er eines Tages den Eindruck hatte, dass Gott zu ihm sagt: Du machst immer Werbung bei anderen, warum gehst du nicht selbst? – Da war was los bei seinen Eltern! Eine junge Familie mit zwei kleinen Kindern, in so eine unsichere Zukunft! Und dann gleich nach Chile, weiter geht es ja kaum. „Was ist mit uns", sagten die Großeltern, „wir werden unsere Enkel nicht aufwachsen sehen. Du könntest doch so gut in Deutschland als Pastor arbeiten!" Die Mutter kriegte vor lauter Aufregung einen Herzanfall. Das war ganz schwer für unsere Freunde, weil sie ihre Eltern liebten. Wenn sie jedoch auf sie gehört hätten, wären sie nie weggekommen. Und sie sahen sich von Gott nach Chile berufen. So gingen sie und waren insgesamt 13 Jahre dort, bauten eine nachhaltige und erfolgreiche Arbeit an Universitäten auf mit Bibelgruppen, Projekten mit indigenen Mapuches, Mittagstisch für arme Studierende. Die Eltern kamen nach Chile geflogen, besuchten sie mehrmals dort, die Enkel flogen in den Ferien nach Deutschland. Und als sie wieder in Deutschland waren, wurde Uli Pastor, wie es die Eltern erträumt hatten.

Drei seelsorgerliche Gespräche, drei wunde Punkte, an denen Menschen festhängen können. Jesus sagt: Stolpere nicht in blinder Begeisterung drauflos, sondern überschlag die Kosten. Lass die Toten und quäl dich nicht mit Vergangenem herum. Sieh nicht zurück, wenn du einen klaren Auftrag hast. – Drei Grenzen, die helfen zu leben.

Ganz oder gar nicht

„Handball spielen, das kann man nur ganz oder gar nicht." Maren weiß, wovon sie spricht. Jahrelang spielte die 45-Jährige in der Oberliga Niedersachsen. Bis eine Handverletzung sie zum Aufhören zwang. „Das war bitter, aber irgendwie kam es auch zum richtigen Zeitpunkt, denn jetzt war einfach etwas anderes dran." Das andere, das waren ihr Mann und ihre beiden Töchter. Maren und ihr Mann Alexander sind Lehrer an einem Gymnasium. Sie haben sich im Studium kennengelernt: Gemeinsam waren sie in der Fachschaft aktiv, verfassten zusammen Hausarbeiten, aber mehr wurde daraus erst später.

„Ich bastelte mit meiner Mutter Adventskalender", erzählt Maren, „da kam mir auf einmal der Gedanke: Mit Alexander könntest du das später auch machen." Und sie merkte, sie hatte ihren Traummann gefunden, denn das hieß: den Alltag teilen zu können.

„Bei Alexander konnte ich so sein, wie ich bin, musste keine Rolle spielen – da war eben tiefere Gewissheit anstelle von Schmetterlingen. Auch haben wir ähnliche Werte, ergänzen uns gegenseitig. Alexander ist sehr aufmerksam", sagt Maren. „Er hat mich unterstützt, als ich Handball spielte, und er unterstützt mich jetzt, seit ich zur Kirche gehe."

Glaube und Kirche, das war lange Zeit kein Thema bei ihnen. Irgendwann wurde Maren durch einen Freund in den Gottesdienst eingeladen, besuchte dann ein Seminar über Beten und Segnen. Sie war damals gerade mit ihrer jüngeren Tochter schwanger. „Ich habe das kleine Wesen in meinem Leib segnen lassen. Das hat mir während der Schwangerschaft ganz viel Zuversicht gegeben, auch als eine Bekannte eine Totgeburt hatte, habe ich immer wieder an diese Segnung gedacht. Unsere Tochter heißt ja auch mit zweitem Namen Dorothea – Gottesgeschenk."

Das Seminar bedeutete für sie einen neuen Anfang mit Gott. „Ich bin zwar früher in den Kindergottesdienst gegangen, war auch auf Kirchentagen. Aber danach lag der Glaube auf Eis. Sonntags war dann Handball angesagt und ich reduzierte Gott auf ein ‚goldenes Buch' – so etwas wie

Vorbestimmung. Seit dem Seminar bete ich bewusst, habe eine persönliche Beziehung zu Gott."

Ganz oder gar nicht, das galt nicht nur im Handball. So wollte sie nun auch ihren Glauben leben.

Sie hatte richtig Feuer gefangen, kam regelmäßig zum Gottesdienst, gründete einen Hauskreis. Machte bei der Kinderbibelwoche der Gemeinde mit, bei Seminaren und Projekten. Sie arbeitete beim überregionalen Gemeindebrief mit, absolvierte eine Ausbildung zur Lektorin und hielt Gottesdienste. Nach nur zwei Jahren ließ sie sich in den Kirchenvorstand berufen. Da war ganz viel Schwung und Energie, sie wurde wie auf einer Welle getragen. Alles für Gott und mit den Menschen in der Gemeinde, das fühlte sich gut und richtig an. Und lange Zeit funktionierte das auch.

Dann kam das Frühjahr 2016. Maren hatte an ihrer Schule eine Dreiviertelstelle und führte zusätzlich in ihren Freistunden viele Beratungsgespräche, denn eine gute Beziehung zu den Schülerinnen und Schülern ist ihr sehr wichtig. Nachmittags mussten die beiden Töchter organisiert werden mit Hausaufgaben, Tanzen, Gitarrenstunden. Alexander ging gerade unter in Korrekturen fürs Abitur. Abends und am Wochenende waren oft Kirchentermine. Zusätzlich besuchte Maren wöchentlich einen Exerzitienkurs in ihrer Heimatgemeinde. Das bedeutete jedes Mal schon allein zwei Stunden Autofahrt hin und zurück. Alles für sich genommen sinnvoll und gut, aber sie funktionierte nur noch. Wollte alles schaffen, und das noch möglichst perfekt.

Für eine Kirchenvorstandssitzung hatte sie die Andacht übernommen. Auch die sollte natürlich wirklich gut werden. Maren hatte einen langen Schultag, fuhr danach die Töchter zur Generalprobe für eine Tanzaufführung. Sie holte bei einem Freund eine CD für die Andacht, tippte und kopierte Gesprächsimpulse, packte Snacks und Fingerfood ein und kam dann völlig abgehetzt zur Sitzung. Die Pastorin und ein Kirchenvorsteher waren nicht da. Maren begann mit ihrer Andacht. Nach einer halben

Stunde kamen die Pastorin und der Kirchenvorsteher lachend in den Raum, unterhielten sich angeregt. Die Andacht lief noch. Sie hatten beide vorher angekündigt, dass sie wegen anderer Termine erst später kommen könnten, aber Maren war trotzdem fassungslos. Empfand dies Verhalten als unglaubliche Geringschätzung. Hielt ihre Wut und Enttäuschung mit Mühe zurück. Dann ging es um den Gottesdienstplan. Wer kann wann dabei sein? Wie üblich gab es viele Terminschwierigkeiten. Da platzte Maren. „Ich kann ja immer", sagte sie patzig und zählte auf, wie sie sich für die Kirche abhetzte. Alle waren betroffen und verstört. Fühlten sich angegriffen. Noch in der gleichen Nacht erhielt die Pastorin zwei Mails von Mitgliedern des Kirchenvorstands, die ihren Rücktritt erklärten. Begründung: „Wenn das hier alles so heilig ist und Maren der Maßstab sein soll, wie viel ich mich zu engagieren habe, dann kann ich da nicht weiter mitmachen." Eine nahm ihren Rücktritt nach einem Gespräch mit der Pastorin wieder zurück, aber der andere erhielt ihn aufrecht.

Maren ging nach der Sitzung total auf Tauchstation, eine Woche lang. Es ging ihr schlecht. Schließlich erklärte sie sich zu einem Gespräch mit der Pastorin bereit. Erwartete eine Standpauke.

Aber die Pastorin sagte: „Ich mache mir Sorgen um dich. Kann es sein, dass du kurz vor einem Burn-out stehst?" Und dann erzählte sie ihr die Geschichte von Maria und Martha aus der Bibel: Jesus und seine Jüngerinnen und Jünger sind bei den beiden zu Besuch. Martha rennt rum und macht sich irren Stress, um die Gäste fürstlich zu bewirten. Maria dagegen denkt nicht daran, ihr zu helfen. Sie setzt sich zu Jesus und den anderen und hört ihnen zu. Schließlich beschwert Martha sich bei Jesus über ihre faule Schwester. Und Jesus sagt:

> Nichtstun und Jesus zuhören ist manchmal besser, als sich abzurackern. Selbst wenn es für die Sache Gottes ist.

„Martha, Martha du bist wegen so vielem in Sorge und Unruhe, aber notwendig ist nur eines. Maria hat das Bessere gewählt, und das soll ihr nicht genommen werden. "[61]

Unerhört. Maria hat das Bessere gewählt. Nichtstun und Jesus zuhören ist manchmal besser, als sich abzurackern. Selbst wenn es für die Sache Gottes ist.

Maren war total aufgewühlt. In ihrem Kopf ging alles durcheinander. Am nächsten Tag fand sie vor ihrer Haustür eine Schale Osterglocken und eine Karte der Pastorin. Das darauf abgedruckte Gebet sprach ihr in die Seele.

Herr, hier ist mein Leben. Es ist voll, aber nicht immer erfüllt.
Viele Dinge beschäftigen mich und treiben mich um.
Es sind wichtige Dinge und auch viele Kleinigkeiten.
Sie haben mich ergriffen und Besitz von mir genommen.
Du, Herr, bist mir wichtiger als alle diese Dinge.
Ich lasse sie los vor dir.

Herr, hier ist mein Leben. Da sind die Menschen, die mir so wichtig sind.
Du hast sie mir anvertraut, und ich will für sie sorgen und sie lieben.
Sie haben mein ganzes Herz belegt. Da ist alles voll.
Herr, ich möchte diese Menschen an dein Herz legen.

Herr, hier ist mein Leben. Da ist mein Bemühen, erfolgreich zu leben.
Ich will das Beste aus allem machen, im Beruf, im privaten Leben, in meiner
Freizeit und auch in meinem Dienst für dich.
Herr, alles hat von mir Besitz ergriffen, mehr als mir lieb ist.
Mach mich neu frei für dich.
Herr, ich lasse los, damit du mich neu ergreifen kannst.
Du sorgst in allen Dingen für mich. Ich vertraue dir. Amen.

In diesem Gebet geht es darum, drei Mal Ja zu sagen (vgl. S. 10):

1. Ja sagen zu Gott und zu seinen unbegrenzten Möglichkeiten.
2. Ja sagen zu sich selbst mit den Gaben, mit der Sehnsucht, von allen geliebt zu werden, der Neigung, sich zu überfordern. Ja zu

den eigenen Grenzen. Gaben und Grenzen, das sind zwei Seiten einer Medaille.

3. Ja sagen zu den Mitmenschen. Ihnen ihren Weg und ihre Art zu glauben zugestehen. Sie innerlich freigeben und sie Gott ans Herz legen.

Das Gebet hängt seitdem über Marens Schreibtisch. Ein paar Tage später traf sie sich noch mal mit ihrer Pastorin. Sie gingen Marens Aufgabenfelder in der Gemeinde durch. Was wollte sie unbedingt weitermachen, und was könnte sie lassen? Also zum Beispiel Fürbitten im Gottesdienst: ja. Jährliche Kinderbibelwoche: nein.

Drei Mal Ja sagen: Ja zu Gott. Ja zu mir selbst. Ja zu den Mitmenschen.

Maren beschäftigte sich auch mit verschiedenen Charaktertypen nach dem Modell des Psychoanalytikers Fritz Riemann.[62] Dadurch lernte sie eine Menge über sich selbst. Sie fand sich in vielem wieder in dem, was sie über den sogenannten depressiven Typ bzw. Hingabetyp las:

Der Hingabetyp ist umwerfend warmherzig und hilfsbereit. Er liest seinen Mitmenschen die Wünsche von den Augen ab, liebt es, andere zu umsorgen, sie zu bemuttern. Er würde das letzte Hemd hergeben, wenn jemand in Not ist. Schnell fühlt er sich für alles zuständig und übernimmt Aufgaben, oft zu viele. Er liebt es, von anderen gebraucht zu werden. Jederzeit hat er ein offenes Ohr für die Nöte seiner Mitmenschen, oft ohne Rücksicht auf die eigenen Bedürfnisse.

Allerdings sind diese Menschen in besonderer Weise auf Bestätigung angewiesen. Wenn ihr Einsatz von anderen nicht anerkannt wird, kann sie das tief kränken. Da sie selber so einfühlsam sind, haben sie oft die Erwartung, dass andere Menschen sich genauso gut in sie einfühlen können und ihre Wünsche erraten. Damit sind die Mitmenschen in der Regel überfordert.

Dem Hingabetyp ist größtmögliche Nähe und Bindung wichtig. Er neigt zum „Klammern". Menschen, um die er sich einmal gekümmert hat, kann er schlecht loslassen. Der „Dank", den er erwartet, ist (lebens-)lange Anhänglichkeit. Als Eltern vermitteln Hingabetypen ihren Kindern Geborgenheit, Zu-

wendung und das Gefühl, dass sie immer für sie da sind. Aber sie setzen zu wenig Grenzen.[63]

Nein, ich muss nicht immer glänzen, ich darf müde sein und matt.

Ich darf leben in den Grenzen, die mir Gott gegeben hat.

Die Typenlehre half Maren, ihre Stärken und Schwächen besser zu reflektieren. Maria und Martha wurden dabei für sie zu einem Paradigma. Ihr Ziel, an das sie sich in kritischen Zeiten immer wieder erinnert: „Weniger Martha und mehr Maria".

Später fand sie ein Lied des christlichen Chansonsängers Manfred Siebald, das diese Impulse verstärkte. Es hat den Titel: *Dann will ich schon zufrieden* sein.[64] Darin heißt es:

„Nein, ich muss nicht immer fragen, ob mich jeder Mensch hier liebt,
mich nicht ständig dafür plagen, dass es Beifall für mich gibt.
Nein, ich muss nicht immer glänzen, ich darf müde sein und matt.
Ich darf leben in den Grenzen, die mir Gott gegeben hat."

Gott sagt uneingeschränkt Ja zu den Menschen, mit ihren Stärken und ihren Einschränkungen. Und er will, dass wir das auch tun. Ja sagen zu unseren eigenen Gaben und Grenzen – und zu denen unserer Mitmenschen.

Vor einer Bar in Bozen sahen wir im Urlaub ein Schild mit dem Spruch:

„Gott existiert –
aber das bist nicht du.
Entspann dich."

Hoffnung nach verletzten Grenzen

Bittere Tränen

Manchmal muss es abends einfach eine Soap-Opera sein. Herzschmerz, Liebeschaos, Unfälle und Verrat, und am Schluss ein tränenreiches Happy End. Und das in herrlicher Landschaft, zum Beispiel in Cornwall oder in Schweden, wo scheinbar immer die Sonne scheint und die Protagonisten im Cabrio herumfahren. Spektakulär sind auch die Filmszenen im „Bergdoktor", dramatische Szenen vor großartiger Alpenkulisse. Die gezeigten medizinischen Fälle sind oft gut recherchiert. So auch in der Folge „Bittere Tränen"[65]:

Sexueller Missbrauch im „Bergdoktor"

Lara hat eine leitende Stellung im Familienunternehmen ihres Mannes und Schwiegervaters. Zwei Monate war sie wegen eines angeblichen Burn-outs ausgefallen. Nun ist sie wieder an ihren Arbeitsplatz zurückgekehrt. Doch es läuft nicht gut. Mehrmals bricht sie aus heiterem Himmel zusammen. Der Bergdoktor Martin Gruber (Hans Sigl) findet schließlich heraus, dass sie ein Beruhigungsmittel einnimmt. Das bekommt ihrem Herzen nicht. Er spricht Lara darauf an. Doch Lara wehrt alles ab. Sie komme klar, habe einfach nur zu wenig Schlaf bekommen. Dr. Gruber ist skeptisch. Gleichzeitig kriselt es in der Beziehung zwischen Lara und ihrem Ehemann Jan. Lara lässt sich nicht mehr von ihm anfassen, zuckt bei jeder Berührung zurück, wendet sich ab, entzieht sich sexuell. In mehreren Szenen sieht man Lara mit ihrem Schwiegervater auf dem familieneigenen Steinbruchbetrieb herumlaufen. Sie wirkt geschäftig.

Nach einem erneuten Zusammenbruch enthüllt Lara Dr. Gruber ein schlimmes Geheimnis. Sie war mit ihrem Schwiegervater auf Geschäftsreise. Abends wurde viel Alkohol getrunken. Der Schwiegervater rückte näher, wurde immer zudringlicher. Sie seien schließlich im Hotelbett gelandet. Lara wehrte sich, schrie Nein, aber ohne Erfolg. Der Schwiegervater vergewaltigte sie. – Eine der schwersten Grenzverletzungen, die es gibt.

Später habe der Schwiegervater sich entschuldigt. Man habe sich geeinigt, Stillschweigen darüber zu bewahren.

„Sie müssen mit Ihrem Mann reden", sagt Dr. Gruber. „Auf keinen Fall", antwortet Lara, „dann bricht die ganze Familie auseinander, der Betrieb, was soll dann werden? Das wäre eine Katastrophe. Und was, wenn mein Mann es erfährt und nicht damit klarkommt?" Nein, sie könne ihm das nicht erzählen. Stattdessen quält sie sich, hat Albträume, weitere Herzattacken. Aber sie redet sich ein: „Ich muss damit alleine fertigwerden. Ich werde es schaffen." Die Situation spitzt sich jedoch weiter zu. Dr. Gruber versucht sehr einfühlsam, Lara zu ermutigen. Es würde ihr helfen, wenn sie ihr schlimmes Geheimnis auf den Tisch bringen würde.

Nach einem weiteren schrecklichen Albtraum und Zusammenbruch entscheidet Lara sich tatsächlich dazu. Zu Dr. Gruber sagt sie: „Sie hatten recht. Ich kann nicht länger wegrennen. Ich werde mit meinem Mann reden."

Das tut sie. Jan ist erschüttert – und erleichtert, dass er nun die Ursache für Laras Probleme kennt. Die beiden finden neu zusammen. Gemeinsam fahren sie zu Jans Vater und konfrontieren ihn mit der Wahrheit. Sie verlangen, dass er sich bei der Polizei selbst anzeigt. Außerdem erklären sie, dass sie ausziehen und den Betrieb verlassen. Sie ziehen also eine klare Grenze und schaffen Distanz zwischen Täter und Opfer.

– So die Folge „Bittere Tränen" aus der Serie „Der Bergdoktor".

Ich (JWP) beschreibe sie deshalb so ausführlich, weil sie sehr typisch ist auch für Fälle, die ich in meiner Praxis erlebt habe, für Frauen und auch Männer: Betroffene tun alles, um das Schlimme, das ihnen passiert ist, geheim zu halten. Sie schämen sich dafür. Frauen haben Angst, dass es die Familie, die Ehe auseinanderbringt. Dass der Partner damit nicht fertigwird und sie verlässt. Oder dass er dem Täter etwas antut. Doch die Last ist zu groß. Ein Geheimnis ist umso mächtiger, je geheimer es gehalten wird. Das gilt besonders für Familiengeheimnisse. Menschen brechen darunter zusammen. Oft trennen sich die Frauen von ihrem Mann, aus nach außen nicht nachvollziehbaren Gründen. Oder sie sind so abweisend, dass der Ehemann ständig verletzt wird und sie schließlich verlässt.

> Ein Geheimnis ist umso mächtiger, je geheimer es gehalten wird.

Ich habe einen besonders tragischen Fall vor Augen. Eine ähnliche Geschichte wie im „Bergdoktor". Leider ist es mir nicht wie Dr. Gruber gelungen, die Patientin davon zu überzeugen, mit ihrem Ehemann zu sprechen. Ihm die Wahrheit zu erzählen über das, was Schlimmes mit ihr passiert ist. Zur Polizei zu gehen. Die Ehe ist schließlich auseinandergebrochen. Der Mann weiß bis heute nicht, warum. Die Frau ist chronisch krank geworden. Der Täter ist nie belangt worden.

Der Film *Bittere Tränen* zeigt, dass es Hoffnung geben kann auch nach schwer verletzten Grenzen. Klar, sich den Tatsachen zu stellen, ist hart. Verrückterweise empfinden oft die Frauen Scham und sogar Schuldgefühle, die eindeutig zum Täter gehören. Das schlimme Geheimnis zu lüften, hilft diese Verschiebung aufzuheben.

> Die Schuld wird wieder dorthin gestellt, wohin sie gehört, zum Täter.

Die Schuld wird wieder dorthin gestellt, wohin sie gehört, zum Täter. Das entlastet, und es macht den Weg frei zur Heilung.

Wenn Mütter weggucken

Heikes Familiengeschichte ist alles andere als harmonisch. Als sie 13 Jahre alt war, kam ihr Vater eines Tages in ihr Zimmer. Zunächst machte er ihr Komplimente, wie schön sie aussehe. Dann sollte sie sich ausziehen. Er begann sie zu streicheln. Heike war irritiert. Irgendwie spürte sie, das ist jetzt nicht in Ordnung. Hier stimmt was nicht. Aber sie traute sich nicht, etwas zu sagen, und ließ es geschehen. Einmal erzählte sie der Mutter von den befremdlichen Annäherungen des Vaters. Die wehrte sie ab mit den Worten: „Das bildest du dir ein. Vater ist einfach nur stolz auf dich." Daraufhin hat die Tochter nie mehr gewagt, sich zu äußern.

Jahre später heiratete sie einen gefühlskalten Mann, der zunehmend alkoholabhängig wurde. Er wurde gewalttätig, schlug sie und beschimpfte sie als „Schlampe" und „Hure". Sie wollte ihre Kinder beschützen und steckte diese Übergriffe ein, wehrte sich nicht. Eines Tages kam die älteste Tochter zu ihr, damals 12 Jahre alt. Sie erzählte von sexuellen Übergriffen des Vaters. Er habe ihr Pornos gezeigt und sie gefragt, wie sie das fände. Plötzlich gingen Heike die Augen auf. Sie konnte ihre Kinder und sich nicht weiter schützen, indem sie alles runterschluckte und nach außen Harmonie vorgaukelte. Sie musste handeln. In einer Nacht- und Nebelaktion zog sie mit den Kindern aus und suchte Schutz bei einer Freundin. Dann reichte sie die Scheidung ein und zog in eine andere Stadt.

In der Psychotherapie lernte sie erstmals ihre Toleranzgrenzen abzustecken und diese auch zu verteidigen. Die Kinder waren entlastet nach der Trennung vom Vater. Die Älteste sagte: „Mama, die Angst ist weg."

Mütter sind Grenzschützerinnen ihrer Töchter. Mütter sind in solchen Fällen Grenzschützerinnen ihrer Töchter. An ihrem Handeln orientieren sich die Kinder. Sie wagen dann auch selbst, Grenzen zu setzen. Heikes Kinder haben zudem gelernt: Auch wenn Grenzen bereits verletzt wurden, ist es nicht zu spät zu handeln und etwas zu ändern. Und in Zukunft Grenzverletzungen frühzeitig zu erkennen und sich zu wehren.

Inzwischen arbeitet Heike als Heilerziehungspflegerin. Sie kümmert sich um junge Menschen mit psychischen Problemen. Die meisten von ihnen haben Grenzverletzungen in ihrer Kindheit erlebt. Heike kann

ihnen einen Weg zeigen – heraus aus der Passivität und hin zu Selbst-
schutz und aktivem Handeln.

„Meine Tochter ist eine Hure"

Inge ist vom Vater missbraucht worden, seit sie neun Jahre alt war. Das
ging jahrelang, bis sie 13 Jahre war. Irgendwann hielt sie es nicht mehr
aus und erzählte es ihrer Mutter. Die war ganz empört – über Inge! Sie
sagte: „Ach, was du hast. Du übertreibst." Sie glaubte Inge nicht oder
wollte ihr nicht glauben. Alle in der Familie waren sauer auf Inge. Wie
konnte man so was behaupten. Sie erhielt keinerlei Hilfe, niemand stellte
sich auf ihre Seite. Später hörte Inge, wie ihre Mutter zu einer Bekannten
sagte: „Meine Tochter ist eine Hure, die schläft mit meinem Mann."
    Inges Verhältnis zu ihrer Mutter besserte sich nie. Wenn sie die Mutter
mal fragte, ob sie auf ihre kleinen Kinder aufpassen würde, war die Antwort: „Wer Kinder in die Welt setzt, muss auch auf sie aufpassen." Zu
Weihnachten lud Inge die Mutter ein, immer wieder. Aber sie kam nicht.
Nie gab es Unterstützung oder auch nur mal ein nettes Wort. Irgendwann
brach Inge den Kontakt ab.
    Viele Jahre später erfuhr Inge, dass die Mutter krank im Pflegeheim
war und es wohl bald zu Ende gehen würde. Sie fragte sich: Soll ich sie
besuchen? Sie war hin- und hergerissen. Hatte große Ängste, ihre Mutter
aufzusuchen, aber es ließ ihr keine Ruhe. Schließlich hat
sie allen Mut zusammengenommen, hat ihre Schwägerin
als Verstärkung mitgenommen und ist ins Pflegeheim
gegangen. Die Mutter erkannte Inge nicht. Sie erzählte
viel von früher und sagte solche Sätze wie: „Die wollen
alle nur mein Geld" oder: „Mein Mann war ein Scheusal,
ein schrecklicher Mensch". Eine verbitterte alte Frau.
    „Haben Sie ihr verziehen?", frage ich Inge. Sie zuckt
ratlos mit den Schultern. Verzeihen, vergeben, diese Worte erscheinen ihr
irgendwie zu groß, nicht richtig passend. „Es ist einfach ein gutes Gefühl,

Ich habe mich
verabschiedet.
Das hilft mir, die
Vergangenheit
hinter mir zu
lassen und meinen
Frieden zu finden.

dass ich vor ihrem Tod noch mal bei ihr war", meint sie schließlich. „Ich habe mich verabschiedet. Das hilft mir, die Vergangenheit hinter mir zu lassen und meinen Frieden zu finden."

Ein ähnliches Problem wie Inge hatte eine Hörerin, die an den NDR schrieb. Sie stellte folgende Gewissensfrage, die ich beantworten sollte:

Ich habe seit 20 Jahren keinen Kontakt mehr zu meiner Mutter. Sie hat mich wie ein Dienstmädchen behandelt, und ich musste mich abrackern. Sogar vor anderen Leuten ist sie über mich hergezogen, wie blöd ich sei. Nun habe ich erfahren, dass meine Mutter schwer krank im Pflegeheim liegt. Seitdem frage ich mich, ob ich sie nicht doch mal besuchen soll. Was würden Sie mir raten?

Ich habe ihr geantwortet:
Das ist eine schwere Last, die Sie mit sich herumtragen. Ja, Mütter können furchtbar sein, und trotzdem lassen sie uns nie los. Sie wurden von Mutter wie Aschenputtel behandelt. Und trotz aller Arbeit haben Sie es nicht zur Prinzessin geschafft. Im Gegenteil, je mehr Sie gearbeitet haben, desto mehr ist Mutter auf Ihnen herumgetrampelt. Verständlich, dass Sie sich als Erwachsene schützen wollten und den Kontakt abgebrochen haben. Nun ist Mutter schwach und krank. Und in Ihnen regt sich das Gewissen und fragt: Solltest du Mutter nicht besuchen?

Was wäre denn das Ziel eines solchen Besuchs? Dass Sie sich mit Mutter aussprechen und sie jetzt, sozusagen auf dem Sterbebett, alles einsieht? Wenn Sie mit dieser Erwartung hingingen, würden Sie wahrscheinlich bitter enttäuscht.
    Aber vielleicht ist Ihr Ziel: Ich will mit meiner Mutter Frieden schließen, egal, was sie getan hat. Ich will vor ihrem Tod mit den bitteren Gefühlen, die ich über sie habe, abschließen, sie sollen mich nicht weiter belasten. Ich möchte mich in Mitgefühl und Würde von ihr verabschieden, auch wenn sie niemals einsieht, was sie mir angetan hat.

Klar, es ist ein Risiko. Schlimmstenfalls macht Mutter dicht und sagt: Du hast dich jahrelang nicht gekümmert, jetzt brauchst du auch nicht mehr anzukommen. Dann sollten Sie diese Schuld bei Mutter belassen und sich sagen: Wenn sie kein versöhnliches Ende mit mir will, ist das allein ihr Problem. Ich habe alles getan, was ich konnte.

„So viel an euch ist, haltet mit allen Menschen Frieden", heißt es in der Bibel. So viel an euch ist … Wenn der andere nicht mitzieht, können wir nichts machen.

Aber vielleicht kommt es auch ganz anders? Sie empfinden Mitgefühl für diese kranke Frau, es fällt Ihnen leicht, ihr das zu zeigen. Wenn Ihre Mutter das sieht und spürt, vielleicht kann sie es auch annehmen. Ihre Last würde dann ein paar Kilo leichter. Und das, so finde ich, wäre doch den Versuch wert.

Vergebung ist grenzenlos

Liebe, Erziehung, Freundschaft, Beruf, Ehrenamt – all diese Bereiche brauchen Grenzen. Vergebung aber braucht keine! Sie ist grenzenlos. Petrus fragt Jesus einmal: *„Herr, wenn mein Bruder oder meine Schwester mir Unrecht tut, wie oft soll ich ihnen vergeben? Bis zu siebenmal?" Jesus antwortete: „Nicht nur sieben Mal! Ich sage dir: Bis zu siebenundsiebzig Mal."*[66]

> Vergebung braucht keine Grenzen. Sie ist grenzenlos.

Vergeben mit Strichliste? Bei 78 ist Schluss? Nein, Sieben ist in der Bibel die Zahl der Vollkommenheit. 77-mal bedeutet also: immer. Wenn es sein muss, jeden Tag.

„Ich bin noch nicht so weit", sagen mir Leute oft. Ja, man kann Vergeben nicht befehlen, und die Seele muss auch hinterherkommen: Vergeben ist beides, ein Entschluss und ein Prozess.

Aber ich habe Leute erlebt, die pflegten und hüteten ihren Groll jahrzehntelang wie ein kostbares Gut. Etwa gegen die Nachbarin, die einem vor 20 Jahren den Mann ausgespannt hat. „Beim Vaterunser lasse ich den Satz *,Wie wir vergeben unsern Schuldigern'* immer aus", sagt mir die Frau.

Hilft das denn, so ein amputiertes Vaterunser? – Oder der Zorn gegen den Bruder, der vermeintlich mehr geerbt hat als man selbst.

Die Angehörigen verdrehen oft nur noch die Augen, sie können sie nicht mehr hören, die immer gleichen Geschichten. Dieses ewige Nachtragen.

Nach-tragen: Wenn wir das mal wörtlich nehmen, wer trägt denn da die Last? Es ist so, als ob man einen schweren Stein hinter dem andern herschleppt, ihm den nachträgt. Der andere merkt davon gar nichts. Man selbst quält sich und müht sich ab mit der Last, wird krumm und gebeugt.

Vergeben bedeutet: den Stein wegwerfen. Das, was auf der Seele lastet und Menschen bitter macht. Sich von dem Stein befreien geht leichter, wenn man an das Gute im eigenen Leben denkt. An alles, was gelungen ist und wofür man dankbar ist.

Es hat einen seelsorgerlichen Grund, dass Jesus uns empfiehlt zu beten: „Und vergib uns unsere Schuld, wie auch wir vergeben unseren Schuldigern." Es ist ein Gebet um Befreiung.

Vergeben – und vergessen?

Es wäre schön, wenn wir Verletzungen und erlittenes Unrecht einfach vergessen, aus unserem Kopf löschen könnten. Dann wäre vergeben leicht. Oft aber gelingt das nicht – und es ist auch nicht immer ratsam.

Die Philosophin Susanne Boshammer sagt: *„Selbst wenn wir manches lieber nie erlebt hätten, ist es nicht unbedingt klug, dieses Wissen bewusst in Vergessenheit geraten zu lassen, nachdem wir so teuer dafür bezahlen mussten. "*

Die Erfahrung, dass jemand uns unrecht getan hat, könne wertvoll sein. *„Wenn wir uns darum bemühen, nach Möglichkeit zu vergessen, was geschehen ist, schätzen wir diesen Wert gering und schlagen wichtige Lektionen in den Wind, die uns vielleicht vor zukünftigen Verletzungen bewahren könnten. "*[67]

Mal angenommen, ich habe jemanden mehrfach Geld geliehen und er hat es nie zurückgezahlt, dann kann ich da irgendwann einen Schluss-

strich drunter ziehen, mich nicht mehr darüber ärgern und es ihm vergeben. Aber ich sollte es lieber nicht vergessen, damit ich in Zukunft
nicht wieder in die gleiche Falle tappe. Also: Wir können oft nicht vergessen, und manchmal ist es auch nicht sinnvoll. Aber
trotzdem können wir vergeben. *„Wer um Vergebung bittet*
und wer Vergebung gewährt, dem geht es nicht darum, die
Vergangenheit loszuwerden, sondern darum, sie zu bereini-
gen. ... Vergeben befreit uns nicht von der Last der Erinne-
rung, vielmehr befreit es die Erinnerung von manchem, was
an ihr belastend ist."[68]

> **Vergeben befreit uns nicht von der Last der Erinnerung, vielmehr befreit es die Erinnerung von manchem, was an ihr belastend ist.**

Wir wollen Gras darüber wachsen lassen, so sagen wir
manchmal – ein hoffnungsvolles Bild: Das Vergangene
ist nicht gelöscht, aber es ist in der Erde vergraben und wird fruchtbar.
Ist wie ein Samen, aus dem frisches Grün wächst. Indem wir jemandem
vergeben, entschließen wir uns bewusst dazu, *„aus dem Boden vergangenen*
Unrechts etwas Neues erwachsen, etwas Lebendiges entstehen zu lassen."[69]

Verzeihen mit Vorsicht

Meine Mutter (LP) war nicht gut im Trösten. Na gut, vielleicht, als ich
noch ganz klein war. In der Schulzeit jedoch: Kam ich mit einer Fünf in
Mathe nach Hause, hieß es: Du hast nicht genug gelernt. Aber es lag
nicht am Lernen, ich kapierte Mathe einfach nicht. Als Jugendliche hatte
ich nachts Panikattacken. Meine Mutter behauptete steif und fest: Du
glaubst und betest nicht genug. Das stimmte nicht, ich betete wie verrückt. Und auch später, wenn ich ihr ein Problem erzählte, mit unseren
Kindern oder in der Gemeinde: Meist drehte sie es so, dass der Fehler
bei mir lag und ich selbst daran schuld war. Irgendwann erzählte ich ihr
einfach nichts mehr, denn es endete meistens gleich: Ich hoffte auf Verständnis und kriegte stattdessen eins übergebraten. Wie sehr hab ich mir
eine Mutter gewünscht, die mich einfach mal in den Arm nimmt. Mich
mitfühlend anhört und mir einen heißen Kakao kocht.

Und doch bin ich lange Zeit immer wieder in die gleiche Falle getappt und habe mich meiner Mutter anvertraut. Vielleicht, weil ich insgeheim mit jedem neuen Versuch hoffte, dass sie diesmal anders reagiert? Aber es funktionierte nicht. Und jedes Mal wurde es schwerer zu verzeihen. Denn es kamen ja immer neue Verletzungen hinzu.

Viele Menschen unterliegen einem folgenschweren Irrtum. Sie denken, Verzeihen bedeutet: Der andere sieht alles ein und dann sind wir wieder Freunde. Aber das stimmt nicht. Oft kann man nur verzeihen, wenn man Abstand einhält. Zum Verzeihen kann es gehören, dass man sich schützen muss. Sich abgrenzen muss. Also verzeihen, ja, aber mit Vorsicht.

In der Bibel wird von König Saul erzählt. Er litt an Depressionen. Ein junger Mann namens David wird geholt, um Saul auf der Harfe vorzuspielen. Die Musik tut Saul gut. Aber er wittert in David auch den künftigen Konkurrenten um den Thron.

Eines Tages wirft Saul seinen Speer nach David, will ihn töten. David überlebt. Später hätte er seinerseits Gelegenheit, Saul zu töten. Aber er verschont ihn, vergilt nicht Gleiches mit Gleichem. Er hängt an Saul und will ihm nicht schaden. Doch zugleich traut er ihm nicht mehr. Er hält Abstand, geht ihm aus dem Weg. Für Saul Harfe spielen, damit ist es vorbei. David schützt sich.

> Verzeihen ist wichtig für den eigenen Seelenfrieden.

Verzeihen ist wichtig für den eigenen Seelenfrieden. Der andere wird dadurch kein besserer Mensch. Viele erwachsene Söhne und Töchter müssen ihre Sehnsucht begraben, dass ihre Mutter oder ihr Vater sich ändert. Dass die Eltern sich auf einmal einsichtig und verständnisvoll zeigen. Wenn sie erleben: Diskussionen reiben nur unnötig auf, ist es besser, freundlich mit Mutter oder Vater umzugehen – aber auf Distanz.

Susanne Boshammer findet Vergeben grundlegend wichtig für unsere Gesellschaft.[70] Aber man solle anderen das Verzeihen auch nicht hinterherschmeißen. Denn wenn wir zu schnell vergeben, würde der andere womöglich gar nichts aus seinem Vergehen lernen und auch nichts an seinem Verhalten ändern. *„Manchmal ist es zu unserem eigenen Schutz ratsam, anderen die Selbstvorwürfe nicht zu ersparen. Wenn wir stillschweigend, zu oft oder zu bereitwillig verzeihen, hat das unter Umständen zur Folge, dass die Person, die uns unrecht getan hat, so weitermacht wie bisher."*[71]

Vergeben praktizieren braucht Grenzen

Vergebung ist grenzenlos, ja. Aber Vergeben aktiv zu praktizieren, das kann harte Arbeit sein – an sich selbst. Es bedeutet, Grenzen zu ziehen. Vier Schritte finden wir dabei hilfreich[72]:

1. Schützen – eine Grenze zum anderen ziehen

Vergebung kann nicht funktionieren, wenn die verletzende Situation immer noch andauert bzw. wenn der Betreffende sich ihr immer wieder aussetzt.

Ich (LP) musste mich zum Beispiel von der kindlichen Erwartung verabschieden, dass meine Mutter mich doch noch irgendwann anerkennen und moralisch unterstützen würde. Ich musste mich damit abfinden, dass sie ihr Verhalten nicht mehr ändern würde. Das Einzige, was half, nicht weiter ins offene Messer zu laufen, war, auf Distanz zu gehen. Eine innere Grenze zu ziehen. Mich ihr nicht mehr anzuvertrauen und mich so vor Kritik und Übergriffen zu schützen. Meine Probleme und Sorgen habe ich stattdessen mit guten Freundinnen besprochen.

2. Verstehen

Wenn Menschen nachvollziehen können, warum der andere so und nicht anders gehandelt hat, fällt Vergeben leichter.

Wird der Fußball des Nachbarsjungen versehentlich auf meine üppig blühenden Petunien gekickt und diese brechen ab, ist das zwar ärgerlich, aber ich habe dafür Verständnis. Es fällt mir leicht, darüber hinwegzusehen. Anders wäre es, wenn jemand die Blumen absichtlich rausreißen würde. – Wenn eine Lehrerin erfährt, dass sich die Eltern eines Schülers gerade in einem Scheidungsdrama ohne Ende befinden, kann sie dessen Stören im Unterricht und seine respektlosen Äußerungen besser einordnen. Manchmal muss man eine Schicht tiefer graben, um den Grund für seltsames Verhalten zu erkennen. Verstehen erleichtert Vergeben.

3.   Relativieren – eine Grenze zur eigenen Wut ziehen
Relativieren bedeutet, wir stellen die Schuld des anderen in einen größeren Zusammenhang. Wir vergleichen sie möglicherweise auch mit Unrecht, das wir anderen schon mal angetan haben.

Vor einiger Zeit fuhr mir eine Frau ins Auto. Ich hatte Vorfahrt, sie kam rechts aus einer Nebenstraße und fuhr, ohne zu gucken, volle Breitseite in meine Seitentür. Ich war erschrocken und stinksauer. Würde nun zu spät zu einem wichtigen Termin kommen und hatte stattdessen diesen Ärger am Hals. Die Frau war total zerknirscht. Schuldbewusst sagte sie: „Ich weiß nicht, wie das passieren konnte. Ich war irgendwie vollkommen in Gedanken." Das nahm mir sofort den Wind aus den Segeln. Zwei Jahre vorher war mir genau das Gleiche passiert: Ich hatte einem grauen VW die Vorfahrt genommen. Kam gerade vom Friseur, war todunglücklich mit dem neuen Haarschnitt und offenbar unkonzentriert. Ich hatte den VW schlicht nicht gesehen. Jetzt fiel mir dieses Erlebnis wieder ein. Und sofort relativierte sich die Schuld der Unfallverursacherin. Ich war ja auch nicht besser. Solche Unfälle sind blöd und lästig, aber Menschen machen nun mal Fehler. Und zum Glück ist nichts Schlimmeres passiert.

Relativieren bedeutet also, Distanz zu sich selber aufbauen. Eine Grenze zu ziehen zu den eigenen heftigen Gefühlen, zu Wut und Ärger, und sich von außen zu betrachten. Ich bin auch nicht unfehlbar, ich bin manchmal unachtsam oder lade Schuld auf mich. Ich bin genauso auf Vergebung angewiesen wie meine Kontrahentin.

4. Delegieren – das Urteil Gott überlassen

Manchmal ist es so schlimm, was andere uns angetan haben, dass weder Verstehen noch Relativieren weiterhelfen. Für die Schuld des anderen muss ein Ausgleich geschaffen werden.

Dann hilft nur Delegieren. Manche delegieren ihren Fall zum Beispiel an ein Gericht. Das soll stellvertretend für sie Gerechtigkeit herstellen. Doch das gelingt meist nicht: Da wird einer Familie ihr Kind ermordet. Ihr Gerechtigkeitsgefühl wird natürlich nicht befriedigt, wenn der Täter zu 20 Jahren Haft verurteilt und nach der Hälfte wegen guter Führung entlassen wird. Da hilft nur Delegieren nach oben, an Gott. „Mein ist die Rache", sagt Gott an einer Stelle in der Bibel.

Die Psalmen, Gebete des Alten Testaments, sind voll von Delegationen: Gott, ich überlasse dir meine Feinde, sorge du für Gerechtigkeit. Wenn ich die Rache an Gott delegiere, wird meine Energie nicht mehr durch diese negativen Gedanken gebunden. Ich kann nach vorne blicken.

Meine Freundin Birgit hatte eine schreckliche Entdeckung gemacht. Ihr Vater war während des Zweiten Weltkriegs in Nordfrankreich stationiert. Dort war er aktiv an Folterungen und Morden beteiligt. In den 50er-Jahren des letzten Jahrhunderts war er in Paris zum Tode verurteilt worden, in Abwesenheit. Das Urteil wurde jedoch nicht vollstreckt; wegen des deutsch-französischen Freundschaftsvertrages 1962 gingen damals viele Kriegsverbrecher straflos aus.

Für Birgit, die erst nach dem Krieg geboren wurde, war die Enthüllung ein Schock. „Mein Vater war ein gebildeter, kultivierter Mann. Ich habe ihn als sehr liebevoll in Erinnerung. Und nun das. Seine Hände, die mich gestreichelt haben, haben andere gequält. Diese Bilder bringe ich bis heute nicht zusammen." Den Vater konnte sie nicht mehr darauf ansprechen, denn er war einige Jahre zuvor gestorben. Zwei Mal fuhr Birgit mit ihrer Familie nach Nordfrankreich, sah die Folterzentrale. Das wollte alles nicht in ihren Kopf. Sie konnte es nicht fassen, verurteilte ihren Vater, konnte ihm nicht verzeihen, jahrelang.

Dann sitzt sie in einem Erntedankgottesdienst. Das Glaubens-
bekenntnis wird gesprochen: „…*von dort wird er kommen, zu richten die*
Lebenden und die Toten." Birgit stockt. Kann nicht mehr

Das Richten ist weitersprechen. Erleichterung durchströmt sie. „Ich
Gottes Sache, nicht habe meinen Vater lange innerlich gerichtet. Aber in
meine. diesem Moment wurde mir klar: Das Richten ist Gottes
Sache, nicht meine".

Sie fühlt sich befreit. „Das ist so entlastend: Es gibt eine letzte Gerechtigkeit. Ich kann loslassen und das alles Gott übergeben."

Grenzen des Grolls

Es war der schwärzeste Tag in der Geschichte unserer Praxis: Der Mann
unserer Arzthelferin Irina verunglückte tödlich. An ihrem Geburtstag
bekam sie den Anruf: ein Arbeitsunfall in der Nordsee, an einer Wind-
kraftanlage. Es gab Sturm und schlechtes Wetter an jenem Januartag, sie
hätten gar nicht draußen arbeiten dürfen. Aber die Firma war unter Zeit-
druck, es musste immer alles schnell gehen, und so hatten die Vorgesetzten die Sicherheitsbestimmungen ignoriert. Hatten bewusst diese Grenze
überschritten und den Arbeitseinsatz angeordnet.

Und, wie so oft, kam ein weiterer unglücklicher Umstand hinzu: Die
vorige Schicht hatte vergessen, eine Schelle zuzudrehen, an der eine Leiter dranhing. Ein dramatischer Fehler. Denn an dieser Leiter hatte Irinas
Mann sich abgesichert. Die Folgen waren katastrophal: Die Schelle brach
ab, er stürzte mitsamt der fünf Tonnen schweren Leiter in die eisige
Nordsee. Drei Tage suchten sie ihn und konnten dann nur noch seinen
Leichnam bergen.

Sicherheitsregeln: Grenzen, die Menschen schützen sollen. Hier wurden
sie fahrlässig überschritten, und als Folge kommt ein junger Mann ums
Leben.

Was für eine große Schuld. Er war Irinas große Liebe gewesen, der Vater ihres kleinen Sohnes. Die Trauer umgab sie von nun an wie ein ständiger Schatten. Ihren Glauben an Gott hatte sie verloren, sie fühlte sich von ihm verlassen. Zugleich zermarterten Vorwürfe und Zorn gegen die Schuldigen ihre Seele, jahrelang. Wie konnten Menschen so verantwortungslos handeln? Bis es zum Gerichtsprozess kam, dauerte es vier Jahre. Das zehrte an ihren Nerven. Schließlich wurden fünf Angeklagte schuldig gesprochen.

Irina war erleichtert, dass es nun „offiziell" war: Nicht ihr Mann hatte fahrlässig gehandelt, sondern Vorgesetzte und Kollegen. Einer davon war ein guter Freund ihres Mannes gewesen, der kam auf sie zu und wirkte sehr verzweifelt. „Ich habe ihm gesagt, dass ich ihm verzeihe und ihm alles Gute wünsche. Aber die anderen haben mich nicht begrüßt, sie haben mich nicht mal angeguckt", sagt sie. Ihr Groll blieb.

Inzwischen hat Irina einen zweiten Mann, hat mit ihm ein süßes kleines Mädchen. Dann kam das Frühjahr 2020 und brachte Corona mit. Irina war total gestresst: Homeschooling mit ihrem zehnjährigen Sohn, der viel Unterstützung brauchte. Daneben die anderthalbjährige Tochter. Und zu dem allem war ihre einzige Schwester zwei Jahre vorher an Krebs erkrankt und starb nun nach einer schweren Leidenszeit, mit 39 Jahren.

„Das hat alles noch mal aufgewirbelt bei mir. Erst stirbt mein Vater mit Anfang 50, dann verunglückt mein Mann, und nun stirbt meine Schwester. Ich habe schon so viel verloren. Und dann habe ich gedacht: Ich trage so viele Lasten, da muss ich diesen Groll und Zorn nicht auch noch weiter mit mir rumschleppen."

> Heute entscheide ich zu vergeben. Weil meine Seele Frieden verdient.

Diese bemerkenswerte Frau machte Nägel mit Köpfen. Neun Jahre nach dem Unfall postete sie auf Instagram und Facebook: „Heute entscheide ich zu vergeben. Nicht, weil ich gutheiße, was passiert ist, sondern weil meine Seele Frieden verdient."

Was für ein starkes Statement! Jeder kann es lesen in den sozialen Medien. Als wollte sie einen Pakt mit sich selber schließen und den öffentlich bestätigen.

„Heute entscheide ich zu vergeben." Das ist genau der Weg. Um inneren Frieden zu finden. Frei zu sein für ihre neue Liebe, für ihren Sohn und die kleine Tochter. Vergeben, das tun wir ja nicht für den anderen. Der merkt davon oft gar nichts. Vergeben ist am allermeisten für uns selbst wichtig.

Irina fühlt sich auch mit Gott wieder versöhnt, sie sagt: „Ich glaube, Gott meint es doch gut mit mir. Ich bin sehr dankbar: Mit meinem zweiten Mann bin ich glücklich. Er trägt mich auf Händen und ist ein liebevoller Vater für meinen Sohn und unsere Tochter. Die Kleine ist auch solch ein Geschenk, sie war von Anfang an ein Baby zum Genießen. Total pflegeleicht und gut gelaunt."

Die schuldig gesprochenen Verursacher des Unfalls sind in Berufung gegangen. Der erneute Prozess wurde immer wieder vertagt. Irina will das aber gar nicht mehr wissen. Wie es ausgeht, interessiert sie nicht mehr.

Vergeben ist kein Gefühl, sondern eine Entscheidung.

Irina hat begriffen: Vergeben ist kein Gefühl, sondern eine Entscheidung.

Ist der Beschluss: Ich will nicht länger in der Vergangenheit festhängen. Kein geteiltes Herz mehr haben. Ich ziehe eine klare Grenze. Verabschiede den Groll auf Nimmerwiedersehen.

Nach Seminaren zu Glaubensfragen in unserer Kirchengemeinde haben wir manchmal Menschen ermutigt, Belastendes wie Schuld oder Zorn auf einen Zettel zu schreiben und diesen zum Gottesdienst mitzubringen. Diese Zettel wurden in verschlossenen Umschlägen auf den Altar gelegt. Die Lasten wurden Gott übergeben. Nach dem Gottesdienst wurden alle

Zettel draußen vor der Kirche verbrannt. „Es hat mich so erleichtert, dass meine Lasten mit dem Rauch zu Gott aufstiegen", sagte eine Frau hinterher. „Jetzt kann ich unbeschwert in die Zukunft gehen."

Einen Schlussstrich ziehen unter das belastete Gestern.
   Wer diese Grenze setzt, wird frei für ein hoffnungsvolles Morgen.

Einen Schlussstrich ziehen unter das belastete Gestern.

Wer diese Grenze setzt, wird frei für ein hoffnungsvolles Morgen.

Anmerkungen

1   Vgl 1. Mose 1 bis 1. Mose 2,3 + 1. Mose 3,19

2   Aargauer Zeitung vom 18.1.2017

3   Das Original-Zitat „*Glücklich ist, wer vergisst, was nicht mehr zu ändern ist*" stammt aus der Operette *Die Fledermaus* von Johann Strauß

4   Epheser 5, 16: Im Griechischen steht das Verb *exagorazein*, das bedeutet kaufen, aufkaufen: den Kairos = den günstigen Moment kaufen. Also zugreifen, wenn der Kairos da ist. (Luther übersetzt: Kauft die Zeit aus.)

5   1. Mose 2,24

6   Hans Jellouschek, Bettina Jellouschek-Otto: Grenzen der Liebe, Klett-Cotta Verlag Stuttgart, 2. Aufl. 2013, S. 23

7   A.a.O., S. 25

8   Hesekiel 18,20: Weder muss der Sohn die Schuld seines Vaters noch der Vater die Schuld seines Sohnes verantworten. (nach BasisBibel)

9   Vgl. Rolf Sellin, Bis hierher und nicht weiter, Kösel Verlag München, 6. Auflage 2014, S. 183–185

10   Frankfurter Allgemeinde Sonntagszeitung, 21.2.2021, S. 22

11   A.a.O.

12   Rolf Sellin, Bis hierher und nicht weiter, Kösel Verlag München, 6. Auflage 2014, S. 34

13   Praxis der Psychotherapie, Hrsg. von W. Senf und M. Broda, Thieme Verlag Stuttgart 2. Aufl. 2000, S. 575

14   Vgl. Die Haut und die Sprache der Seele, Hrsg. Taube, Rapp, Seikowski, Gieler, Verlag Fischer und Gann Munderfing 2015, S. 155

15   Praxis der Psychotherapie, Hrsg. von W. Senf und M. Broda, Thieme Verlag Stuttgart 2. Aufl. 2000, S. 574

16   Vgl. Die Haut und die Sprache der Seele, Hrsg. Taube, Rapp, Seikowski, Gieler, Verlag Fischer und Gann Munderfing 2015, S. 10

17   Lukas 5 Vers 13

18   Matthäus 17 Vers 7

19   Das Pareto-Prinzip, benannt nach Vilfredo Pareto (1848–1923)

20   Jesper Juul, Grenzen, Nähe, Respekt, Rowohlt Taschenbuch Verlag Hamburg, 17. Auflage 2020, S. 61

21   A.a.O., S. 59+79–80

22   Alexander S. Neill, theorie und praxis der antiautoritären erziehung. das beispiel summerhill, 51. Edition 1994 Rowohlt TB

23   Joachim Bauer, Wie wir werden, wer wir sind. Die Entstehung des menschlichen Selbst durch Resonanz, Karl Blessing Verlag München, 4. Aufl. 2019, S. 7

24   A.a.O., S. 28f

140   Anmerkungen

25 Joachim Bauer, Wie wir werden, wer wir sind. Die Entstehung des menschlichen Selbst durch Resonanz, Karl Blessing Verlag München, 4. Aufl. 2019, S. 29

26 A.a.O., S.40

27 Joachim Bauer, Wie wir werden, wer wir sind. Die Entstehung des menschlichen Selbst durch Resonanz, Karl Blessing Verlag München 4. Aufl. 2019, S. 44

28 Rudolf Dreikurs, Kinder fordern uns heraus, deutsche Erstausgabe 1966, letzte hier zitierte Ausgabe: Klett-Cotta Verlag Stuttgart, 11. Auflage 2003, S. 127

29 Vgl. Rudolf Dreikurs, Loren Grey: Kinder lernen aus den Folgen. Wie man sich Schimpfen und Strafen sparen kann, Herder Verlag Freiburg 1999

30 Rudolf Dreikurs, Kinder fordern uns heraus, deutsche Erstausgabe 1966, letzte hier zitierte Ausgabe: Klett-Cotta Verlag Stuttgart, 11. Auflage 2003, S. 84

31 Joachim Bauer, Wie wir werden, wer wir sind. Die Entstehung des menschlichen Selbst durch Resonanz, Karl Blessing Verlag München, 4. Aufl. 2019, S. 58

32 A.a.O., S.58

33 1. Mose 2,24

34 1. Mose 24

35 1. Mose 27–50

36 Broadway-Musical Anatevka (Originaltitel in Englisch: Fiddler on the Roof) von Joseph Stein, Sheldon Harnick, Jerry Bock, nach Erzählungen des jiddischen Dichters Sholem Alejchem (1859–1916); Uraufführung 1964 in New York

37 Das Broadway-Musical *My Fair Lady* nach George Bernard Shaws PYGMALION (Text von Alan Jay Lerner) wurde 1956 uraufgeführt und 1964 mit Audrey Hepburn und Rex Harrison verfilmt.

38 1. Korinther 6,16: Überlegt doch einmal: Wer sich mit einer Prostituierten einlässt, wird mit ihr eins; sein Körper verbindet sich mit ihrem Körper. Es heißt ja in der Schrift: „Die zwei werden ein Leib sein."

39 Eduard Lohse, Grundriss der neutestamentlichen Theologie, Verlag W. Kohlhammer 1974, S. 88 (gekürzt)

40 1. Mose 2,23

41 Jürg Willi, Was hält Paare zusammen? Rowohlt, Reinbek 1991, S. 34

42 Martin Koschorke, Keine Angst vor Paaren, Klett-Cotta, 4. Auflage 2019, S. 50

43 Vgl. Hans Jellouschek, Bettina Jellouschek-Otto, Grenzen der Liebe, Klett-Cotta Verlag, 2. Auflage 2013, S. 32

44 Hans Jellouschek, Warum hast du mir das angetan? Untreue als Chance, Piper Verlag, 12. Aufl. 2003

45 Dobson, Love must be tough, Word Books, Waco, Texas 1987

46 Manfred Spitzer, Die Smartphone Epidemie, Klett-Cotta, 3. Aufl. 2020, S. 45–54

47 Manfred Spitzer, Digitales Unbehagen, mgv Verlag München, 2. Aufl. 2020, S. 95–96

48 Ärzte Zeitung vom 25.10.2017

49 https://www.return-mediensucht.de

50 Hilfreiche Hinweise zur Mediennutzung durch Kinder finden Sie u. a. auf der Seite der Bundeszentrale für gesundheitliche Aufklärung unter Kindergesundheit: https://www.kindergesundheit-info.de/themen/medien/mediennutzung/medien-gefahren/

51 Maurus Runge, Weht der Geist durch Bits und Bytes? Vier-Türme-Verlag 2021

52   https://www.smiley-ev.de
53   De Saint-Exupéry, Antoine: Wind, Sand und Sterne, Gesammelte Schriften, dtv-
     Dünndruck-Ausgabe Band 1, München 1978, S. 295
54   Markus 7,24–30
55   Markus 7,27
56   Markus 7,29
57   Drewermann, Eugen: Das Markusevangelium. Erster Teil, Olten/Freiburg, 4. Aufl.
     1989, S. 491
58   Lukas 9,60
59   Zur gelungenen Trauerarbeit siehe: Britta Laubvogel und Jost Wetter-Parasie: Wenn
     die Liebe Trauer trägt. Was beim Abschiednehmen von einem lieben Menschen hilft,
     Brunnen Verlag Gießen, 6. Auflage 2021
60   Hermann Hesse, Stufen Ausgewählte Gedichte, Bibliothek Suhrkamp, Bd. 342,
     Baden-Baden 1985, S. 187
61   Lukas 10,41–42
62   Fritz Riemann, Grundformen der Angst, Reinhardt Verlag, 35. Auflage 2009; zu-
     sammengefasst in: Jost Wetter-Parasie und Luitgardis Parasie, Gut beraten, Edition
     Anker 2004, S. 15–35
63   Jost Wetter-Parasie und Luitgardis Parasie, Gut beraten, Edition Anker 2004, S. 26–29
64   Manfred Siebald: Lied Dann will ich schon zufrieden sein. CD Aber sicher. SCM
     Hänssler 2008
65   129. Folge der Serie Der Bergdoktor, ZDF, deutsche Erstausstrahlung 25.02.2021 in
     der ZDF-Mediathek https://www.zdf.de/serien/der-bergdoktor/bittere-traenen-100.
     html
66   Matthäus 18,21–22 (Basisbibel)
67   Susanne Boshammer, Die zweite Chance. Warum wir (nicht alles) verzeihen sollten.
     Rowohlt Verlag Hamburg, 2. Auflage 2021, S. 36
68   A.a.O., S. 37 und 41
69   A.a.O., S. 40
70   Susanne Boshammer, Die zweite Chance. Warum wir (nicht alles) verzeihen sollten.
     Rowohlt Verlag Hamburg, 2. Auflage 2021
71   A.a.O., S. 174
72   Das Folgende ist zusammengefasst aus Kapiteln von Martin Grabe, Lebenskunst
     Vergebung, Francke-Buchhandlung Marburg 2002

Britta Laubvogel/Jost Wetter-Parasie

Wenn die Liebe Trauer trägt

Was beim Abschiednehmen
von einem lieben Menschen hilft

160 Seiten, Paperback
ISBN Buch 978-3-7655-1511-8
ISBN E-Book 978-3-7655-7157-2

Was beim Abschiednehmen von einem lieben Menschen hilft –
Britta Laubvogel, die ihren Mann mit gerade mal 50 Jahren durch Lungenkrebs verlor, erzählt ihre Geschichte. Und darüber, was ihr in der Zeit der Trauer geholfen hat.

Jost Wetter-Parasie, Arzt, Psychotherapeut und Freund der Familie, kommentiert – als Freund und als professioneller Berater, der die unterschiedlichsten Trauersituationen kennt. Gemeinsam entstand ein tröstendes, ermutigend praktisches und sehr persönliches Buch für alle, die einen lieben Menschen verloren haben – und für alle, die sie begleiten.

„In diesem Buch ... werde ich einfühlsam an die Hand genommen und in ein Haus der Trauer geführt mit Freiräumen für meinen Schmerz, meine Erinnerungen, aber auch für neues verändertes Leben." Anse Nitsch.

BRUNNEN VERLAG GIESSEN
www.brunnen-verlag.de